元・繊細っ子だからわかる

子どもが10倍うれしい親のひとこと

繊細っこ
子育てサポーター
てつ

KADOKAWA

はじめに

すぐ泣いたり、カンシャクを起こしたりする、ちょっと手がかかるけれどかわいいお子さんを育てている全国のお母さん、お父さん、はじめまして。繊細っこ子育てサポーターのてつです。

僕は、ひといちばい繊細な「ＨＳＰ」と呼ばれる気質をもっています。この概念が最初に提唱されたのは、１９９６年。僕が子どもの頃は知る人は少なく、臆病で泣き虫な、いわゆる「育てにくい子」でした。

そんな僕を、母は根気強く、優しく育ててくれました。当時からすると「甘やかしすぎだ」とか「ワガママだ」と思われてもおかしくありません。もしかしたら母は、周囲の大人たちから心ない言葉をかけられていたのかもしれません。しかし、そんな様子をまったく見せずに、母はいつも僕を愛して、あたたかい言葉をかけてくれていたのです。

この本では、繊細っ子だった僕だからこそわかる、子どもの目線に立った「親から言われたら10倍うれしくなるひとこと」を紹介しています。この「ひとこと」は、子どもの自己肯定感を育みます。ＨＳＰに限らず、すべてのお子さんの心に響く、大切な言葉です。

繊細っ子だった僕が大人になるまで

▼カンシャクとゲームを繰り返した幼稚園時代

僕が生まれたのは1996年。ちょうど、HSPの概念がアメリカで発表された年です。子どもの頃から手のかかる、繊細っ子でした（この本では、ひといちばい繊細な気質をもつ子を「繊細っ子」と呼びます）。

幼稚園の頃、特に苦手だったのは給食の時間。緊張しやすくて、みんなと一緒にごはんを食べるのがイヤだったのです。また、大きな音が苦手なので、みんなでワイワイ食事をするなんて、とても無理。まったく食べる気になりませんでした。

家ではゲームばかりしていて、注意されてはひどいカンシャクを起こしていました。注意されると、それが引き金となって、普段フタをしていた感情が爆発してしまっていたのでしょう。本当に、家の中では手のつけられない子でした。

しかし、一歩家の外に出ると、おとなしくて真面目な子に変身します。外では緊張が強く、その分、安心できる家ではカンシャクを起こしてしまっていたのかもしれません。

▼サッカーとゲームばかりしていた小学生時代

小学校へ入学すると、サッカーを習いはじめました。小学生時代はとにかくサッカーが忙しかったことばかり覚えています。監督も厳しい人だったので、その厳しさにビクビクしてしまい、心身ともに消耗しきっていました。

家ではずっとゲームをしていました。ゲームに集中することで、他のことを考えなくていいようにして、心のバランスをとっていたのかもしれません。休みの日は、1日10時間くらい、ゲームに夢中になっていました。今振り返ると、さすがにやりすぎですね。でも当時は、僕にとってゲームの時間が本当に必要だったのです。

▼最も苦しんだ中学生時代

中学生になると、勉強とサッカーで忙しく、毎日本当にへとへとでした。県内でも1、2番を争う強豪チームに入ったこともあり、活動はよりハードに。また、友達同士の関係も複雑になっていきます。心身ともに疲れきっていて、いつもイライラ。かなり怒りっぽくなっていました。

ある日、サッカー遠征のバス移動のとき、強い吐き気に襲われました。いつもの乗り物酔いとは違う、気持ちの悪さ。

それ以降、だんだん体調が崩れていき、授業中にもめまいや吐き気など、具合が悪くなることが増えました。

小児科や心療内科に通うようになり、「起立性調節障害」の診断を受けます。学校では教室にいることができずに、ほとんどの時間を保健室で過ごしました。

気力も体力も失っていて、「この先、生きていけるのだろうか」と本気で悩んでいました。

▼ 少しずつ回復、徐々に落ち着いていった高校以降

怒濤の中学生活を終え、なんとか全日制の高校に進学することができました。

それなりの反抗期はありましたが、自分の繊細さと少しずつ折り合いをつけられるようになったのは、この頃からです。

大学に入ってから、僕自身が「ＨＳＰ」という概念を知り、本やＷｅｂサイトで情報を得るうちに、**「僕の生きづらさの理由はこれだったんだ」と、やっと自分の気質がわかりました。**

それから、自分自身と仲良くなれた気がします。

大学進学時に地元を離れ、名古屋で一人暮らし。その後、大学院に進学しました。

▼カウンセラーの道へ

周りの友人は就職活動に励んでいましたが、自分の繊細さや適性を考えると、「普通の会社に就職するのは無理かも…」と感じました。そして、起業を目指してビジネススクールに入学。そこで実際にビジネスを立ち上げてみたのですが、やはり、何か違う。

あれこれ試行錯誤しているとき、友達に「てつはお母さんたちの相談にのっている姿が思い浮かぶ」と言われ、これまでの経験や繊細っ子についての情報を、Instagram（※）で発信してみました。すると、繊細っ子の子育てで困っているお母さん方から、大きな反響があったのです。

DMでのお問い合わせやご相談にお答えしていくうちに、だんだんカウンセラーとしての活動へとシフトしていきました。

現在では、個別カウンセリングや各種改善プログラムを提供しています。

（※）Instagramアカウント ⇒ @sensai_kosodate
2023年12月現在、フォロワー6.6万人

子どもの心には、愛のある「ひとこと」が響く

子どもの中には、カンシャクを起こしやすい、いわゆる「育てにくい子」がいます。

僕のもとには多くの親御さんから相談が寄せられます。

僕が**カウンセリングでいつもお伝えしているのは、お子さんの性格や特徴を理解し、環境を整えること。そして、お子さんの心を支える「ひとこと」を添えること**です。

子どもというのは、大人が思っている以上に、言われた言葉一つひとつをしっかり受け止めています。

なので、売り言葉に買い言葉とか、その場の勢いとか、つい口が滑ってしまった、みたいな発言には、慎重になる必要があります。

大丈夫です。よく言ってしまう言葉だって、愛しているから、心配だからつい出てしまうだけ。

その愛を、思いを、そのまま伝える「ひとこと」に言い換えればよいのです。

この本では、**繊細っ子**（HSC＊40ページ「繊細っ子」ってどんな子？参照）**とそうでないお子さんを分けていません。**

これは、繊細っ子だった僕が、大人になって気づいたことですが、繊細っ子のためのアドバイスは、そのままどのお子さんにも有効なのです。繊細っ子に必要な配慮はどんな子にも必要な配慮だからです。

この本では、さまざまなシーンでつい言ってしまいがちな「あるある」言葉を、愛の伝わる「ひとこと」へ生まれ変わらせます。

未就学児から中・高校生くらいまで、幅広く対応した内容となっていますので、いま、まさに困っている問題の対策として、また、転ばぬ先のつえとして、ご活用いただけると幸いです。

第1章では、お子さんの自己肯定感を高め、もっと話したくなるひとことについて、解説します。

自己肯定感は、子どもの心を育む大切なものです。しかし、さまざまなストレスにさらされる、いまの時代の子は、自己肯定感が下がってしまいがち。

そんな子どもたちの自己肯定感を育み、親子がわかり合えるようになる「ひとこと」をご紹介します。

第2章では、成長段階に合わせ、子どもの心に届く「ひとこと」をご紹介します。

未就学児、小学生、中学・高校生という時期に分け、**その年齢ならではのよくあるシチュエーションごとに解説し、子どもが聞き入れてくれる「ひとこと」へ変えていきます。**

第3章では、子どもの身に起こる**さまざまなトラブルや「困った」について、適切な対応と、かけてあげたい「ひとこと」**をご紹介します。

この章では、家庭内と学校でのトラブルに分けて、解説していきます。

第4章では、子どもから大人に成長するとき、豊かな未来を切りひらくための「ひとこと」について、解説します。

お子さんは、いつかあなたのそばを離れます。

お子さんの巣立ちを後押しする「ひとこと」を、ぜひかけてあげてください。

繊細っ子について、特にお伝えしておきたいことは、**「繊細っ子コラム」**という形で、スポット的にお伝えします。

また、どんな子どももと家庭にも関係することは**「子育てコラム」**にまとめました。

では早速、親がつい言ってしまう「あるあるひとこと」と、子どもが言われて「これならうれしいひとこと」について、見ていきましょう。

もくじ

第1章 子どもがもっと話したくなるひとこと

第2章 未就学児、小学生、中学・高校生

成長段階別・親子がわかりあえるひとこと

第3章

家庭と学校の「困った」に効くひとこと

家庭編

学校編

第4章 子どもの進路に迷ったときのひとこと

装丁・本文デザイン／上坊菜々子
装画・本文イラスト／fancomi
編集協力／稲田和瑛
編集／佐藤綾香、橋本恵子（KADOKAWA）

第1章

子どもがもっと話したくなるひとこと

「自己肯定感」って何？

自己肯定感が大事だと、よく言われます。自己肯定感とは「ありのままの自分を受け入れる感覚」のことで、子どもにとってとても大切です。

自己肯定感を高めると、自分の存在を認められているという感覚をもつことができます。**自分が認められていると感じるからこそ、「他者を認め、受け入れること」もできるようになります。しかし、自己肯定感が低いと、物事をネガティブに捉えやすくなり、すぐ「自分にはできない」と及び腰になってしまいます。**また、他人や物事に依存しやすくなります。

内閣府が日本を含めた7カ国の13～29歳の若者を対象として行った意識調査によると、日本の若者は諸外国と比べて、

- 自己肯定感が低い
- 結果が読めないことに取り組む意欲（チャレンジ精神）が低い
- 悲しみや憂鬱を感じている人の割合が高い
- 自分の将来に明るい希望をもっていない

ことがわかっています。

自己肯定感は、先天的な要因もあるようですが、ほとんどが成長過程での経験によって決まります。本章では、お子さんの自己肯定感を育むひとことを紹介します。そのためには、とにかく、お子さんの話を聞いてください。小さい頃は、とにかくいっぱいおしゃべりすると思います。つじつまの合わない話や、意味のわからない話もあるでしょうが、否定せず、「うん、うん」と興味をもって聞いてあげてください。

話を否定されると自己肯定感が大きく下がります。逆に、興味をもって話を聞いてもらえると、自己肯定感は高まります。

そして、**自己肯定感を高めるもう一つのポイントは、ほめることです**。ほめるときは、親が**子どもの行動で感じたうれしい気持ちを素直に伝える**ことで、**「私はみんなを喜ばせられる存在なんだ」**と子どもが感じ、自己肯定感も高まります。

すぐに「失敗した」「もうダメだ」と落ち込む僕の支えとなったのは、母がいつもかけてくれた優しいひとことでした。

SCENE 1 忙しくて手が離せないとき

✕ あるあるひとこと

いま、忙しいの。見てわかるでしょ。

○ これならうれしい

これが終わったらお話聞くね。あと10分待っててね。

POINT

見通しを示して安心させる。
時間は具体的に伝えよう。

子どもの話を聞こう

子どもにいちばん影響を与えるのは、親がかける言葉です。とはいえ、子どもが聞いてくれないことには意味がありません。話を聞いてもらうためには、まず、親が子どもの話を聞くことです。普段から話を聞いてもらっているからこそ、子どもだって親の話を聞いてみようという気持ちになるのです。

多くの親御さんが「忙しいときに限って、子どもが話しかけてくる」と言います。しかも、それが「どうでもいい話」なのだそうです。そんなとき、「忙しいんだから後にして」と言いたくなるでしょう。でも、**お子さんは、いま、聞いてほしい**のです。話を聞いてもらうことで、「私は話を聞いてもらえる存在なんだ」と、自己肯定感が高まるのです。だから、できるなら一旦手を止めて、お子さんの話をじっくり聞いてあげてください。それが難しいなら、

「**これが終わったらお話聞くね。あと10分待っててね**」と、ひとこと声をかけてください。

今やっていることが終わったら、話を聞いてもらえる（構ってもらえる）。そして、それまであと10分待てばいい。と**先の見通しが立つことで、気持ちがずいぶん落ち着きます。**

こう言い聞かせて、待ってもらった後は本当に話を聞いてあげてください。「ごめん。もう10分」というのは、ナシですよ（笑）！

SCENE 2

子どもが泣いているとき

×

あるあるひとこと

泣くほどのことじゃないでしょ。

○

これならうれしい

そうだね。悔しかったね。

POINT

共感するひとことで、自分が受け入れられている気持ちになる。

話を聞くことで、お子さんの自己肯定感が育まれる

お子さんの話を聞くメリットは、自己肯定感が上がることだけではありません。お子さんの語彙の発達を促し、コミュニケーションスキルも向上させます。そのため、お子さんが進んで話したくなるひとことを心がけてください。

たとえば、お子さんが泣いていたとき。ちょっとしたことでも、すごく驚いたり怖がったりして泣いてしまう子もいます。

つい「泣くほどのことじゃないでしょ」と言いたくなる気持ちをグッとこらえて、**「そうだね。悔しかったね」とか、「びっくりしたね」「それは悲しかったね」と、気持ちに寄り添うひとこと**をかけてあげましょう。

すると、子どもは、「わかってもらえた」と安心します。

その場ですぐに機嫌を直して、何がイヤだったのかを話してくれるとは限りません。でも、「怒られない」「わかってもらえる」「話を聞いてもらえる」という安心感があれば、徐々に会話が増えていきます。話を聞いてもらえることで「話してみよう」という気持ちが芽生え、実際に話してみることで語彙力や会話の能力が育まれます。そしてそれは、自分の感情を言語化して理解、整理する力につながります。

つまり、話を聞いてあげることが、お子さんの感情を安定させることにつながるのです。

SCENE 3 子どもがはっきり話さないとき

あるあるひとこと

何が言いたいのよ。ちゃんと話して。

これならうれしい

どうしたのかな？ゆっくりでいいから、話を聞かせてね。

POINT

話を聞いてもらえるだけで、
子どもの自己肯定感がUPする！

子どもの話を聞くときはインタビュアーになったつもりで

どうでもいいことばかり、子どもが話しかけてくる。そうお困りの親御さんも多いと思います。でも、そのどうでもいい話が、お子さんにとってはすごく大事なことかもしれません。

僕も、お母さんに「何話そうかな」「何話したら笑ってくれるかな」とワクワクしながら話していたこと、うれしそうに話を聞いてもらったことを、とてもよく覚えています。

お子さんの話がよくわからなかったり、しどろもどろになったりしても、「何が言いたいのよ。ちゃんと話して」と急かしてはいけません。「どうしたのかな？　ゆっくりでいいから、話を聞かせてね」と、**聞く姿勢であることを伝えましょう**。

また、子どもの話を聞いていると、「それはこうじゃない？　たとえば…」と、自分が話し手になってしまうことがあります。それを防ぐために、**お子さんにインタビューしているつもりになって、話を深掘り**し、より情報を引き出してみましょう。

「どうしてそれに興味が出たの？」「どんなところがかっこいいと思ったの？」

「すごく詳しいね。何で知ったの？」

と興味をもって質問されると、お子さんはうれしいのです。また、自分の話に興味をもってもらえたと思うことで、自己肯定感も上がります。

SCENE 4

学校での様子を聞きたいとき

あるあるひとこと
学校、どうだった？
これならうれしい
今日の書道の授業では何を書いたの？

POINT

具体的に聞くことで、
日常会話を引き出そう。

曖昧《あいまい》な聞き方は、子どもにとって難しい

普段の会話の中で、学校での様子を聞くこともあると思います。そんなとき、「学校、どうだった？」と曖昧な聞き方をすると、何と答えていいのか不安になり、言葉に詰まってしまうことがあります。

それよりも、**「今日の書道の授業では何を書いたの？」「今日、算数の授業あったんだね。今どんなこと習ってるの？」といったように、具体的に聞くことで、お子さんも答えやすくなります。**質問に答えたことがきっかけで、その日の出来事をいろいろ思い出し、「そう言えば…」と話がはずむかもしれません。

特に用件のない他愛のない日常会話は、子どもにとって、とても大切です。**普段の会話があることで、何かあったときにも話しやすくなります。**

心配性なお子さんの場合、あれこれ先回りして考え、心配し、遠慮をしてしまうことがあります。「これを言ったらよくないんじゃないか」と、思ったことを話せなくなることもあります。肝心なときにちゃんと話してくれるように、普段から話すのが当たり前の環境を作ってあげることが重要です。そのためにも、具体的な質問でお子さんの発言を引き出してください。お子さんが自分からたくさん話し始めたら、大成功です。

SCENE 5

子どもをほめるとき

×

あるあるひとこと

100点取れたなんて、すごいね！

○

これならうれしい

毎日頑張ってたもんね。

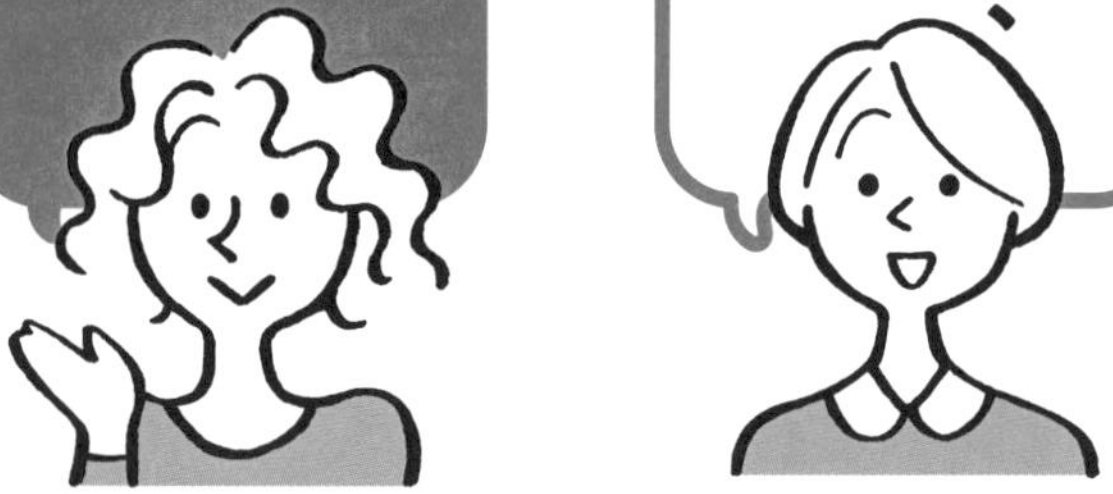

POINT

努力を認めてほめることで、
子どものやる気を引き出す。

ほめるときは結果ではなく、プロセスを

お子さんが何かを成し遂げたときや、期待に応えたときに、「えらいね！」「すごいね！」と言ってほめると思います。しかし、このようなほめ方を続けると、お子さんはしんどくなってしまうかもしれません。

「100点取れたなんて、すごいね！」と言われたらうれしい反面、「次、100点じゃなかったら、がっかりさせちゃうかも」というプレッシャーを感じてしまう子もいるのです。なので、100点を取れたことではなく、そのプロセスを、頑張り自体をほめてください。

「毎日頑張ってたもんね」と、努力を認めてもらえることで、ほめ言葉を素直に受け取ることができます。 結果をほめられると、「またその結果を出さないといけない」と思ってしまいます。しかし、次回も同じ結果が出せるとは限りませんよね。その点、努力をほめてもらえたのなら、次も同じだけ努力することは可能です。

実現可能なことをほめてもらえると、安心します。そして、「また次も頑張ろう！」という気持ちになるのです。

親にほめられるって、本当にうれしいものです。だからプレッシャーを与えず、頑張りのエンジンになるほめ方をすると、いろんなことに楽しくチャレンジできるようになると思います。

SCENE 6 子どもに言い聞かせるとき

あるあるひとこと

あなたのためを思って…。

これならうれしい

ママ（パパ）はこう思うよ。

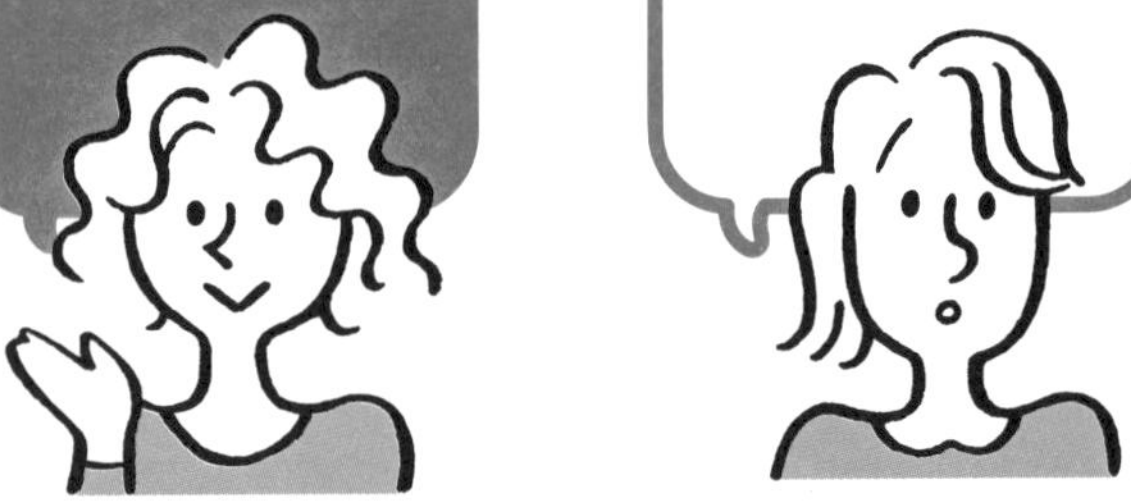

POINT

子どもを思っての言葉でも、
親の意見として伝えよう。

たまにはお母さん、お父さん自身のリフレッシュも大事

子育てって、大変ですよね。ただでさえ大変なのに、ときにはカンシャクを起こされたり、学校に行くのをイヤがったり。親御さんとしては、いろいろと気を遣い、心を砕いてきたことと思います。

なのにそれが当たり前だという態度をとられたり、拒絶されたりしたら、つい「あなたのためなのに」と言いたくなってしまうかもしれません。

しかし、これは逆効果です。「あなたのためを思って」という言葉は、子どもに負担をかけてしまいます。**お子さんのためにしていることも、「ママは（パパは）こう思うよ」と、自分の意見として伝えてください**。「あなたのため」という言葉が出てきそうなとき、もしかしたら、何でもかんでも子ども中心になって、自分を犠牲にしていませんか？　自分のしたいことを我慢しすぎないでくださいね。

自分が幸せになることで、それがお子さんにも伝わります。子どもは感覚が鋭いので、周りにいる人がイライラしているのか、ハッピーな気持ちでいるのかを強く感じます。

どうか親御さんも、自分の時間を楽しんでください。リフレッシュすることで、お子さんと笑顔で接することができる明るい気持ちを取り戻しましょう。

SCENE 7

子どもに相談してほしいとき

×

あるあるひとこと

ああ、もう。何やってるの。

○

これならうれしい

実はママも（パパも）こんな失敗をしたことがあるんだよ。

POINT

親の弱みや失敗も見せられたら、
子どもも相談しやすくなる。

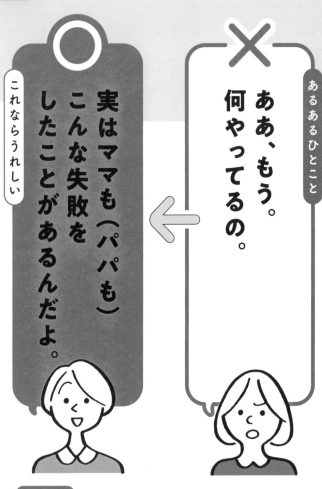

親自身の失敗も伝えよう

お子さんが何か失敗したとき、注意してもあまり効果はありません。それどころか、萎縮して、余計に失敗しやすくなったり、チャレンジすること自体をやめてしまったりすることがあります。失敗したときの気まずさをやわらげ、「次から気をつけよう」と前向きな気持ちになってもらうには、親自身の失敗談を伝えることが効果的です。

「実はママも（パパも）こんな失敗をしたことがあるんだよ」と自己開示することで、お子さんは安心します。僕の母も、「間違えて左右違う靴下をはいちゃってた」とドジ話をしてくれました。それを聞いて、なんだかとても安心したのを覚えています。

「会社でミスして、落ち込んでるの」「友達に笑われちゃった〜」

こんなふうに、お子さんに弱みを見せても構いません。

失敗談を陽気に堂々と伝えることで、

「大人でも失敗するんだ」「弱い部分があることは悪いことじゃないんだ」

と、安心感を与えることができます。また、**失敗談を笑い話にできるような雰囲気が家庭内にあると、何か困ったことが起こったとき、相談しやすくなります。**完璧でなくてもいい、かっこ悪くてもいい。何でも相談できる家族でありたいですね。

SCENE 8

子どもを叱るとき

×

あるあるひとこと

ダメでしょ！何度言ったらわかるの？

○

これならうれしい

あら、どうしてこうなったのか、教えてくれる？

POINT

感情に任せて怒鳴るのは逆効果！
自分で反省できるひとことを。

叱るときは落ち着いて話を聞く

ほめることに比べると、叱ることはかなり難しいです。叱るのは、危険があったり、誰かを傷つけてしまったりといった「叱らなければ、もっとよくない事態になる」という状況のとき。つまり、叱る側も焦っていて、つい感情的になりやすいタイミングなのです。

危険がある場合には、すぐに危険を回避して安全を確保。叱るのは、それからです。

叱る前に、落ち着くことが大切です。叱る側が動揺していると、大きな声で強い言葉を言ってしまいます。落ち着いたら、お子さんの目を見て、「どうしてこうなったのか、教えてくれる？」と、聞いてください。

叱られる状況のときは、子ども側も「まずい、やっちゃった」と思っていることがほとんどです。叱られる前の段階で、すでにしゅんとしていることでしょう。そこでさらに叱られると、つらくて、悲しくて、何がいけなかったのか反省するどころではなくなってしまいます。**なぜダメなのかを理解し、次から同じ行動をしないようにする。これが、叱る目的**のはずです。そのためには、子ども自身が何がどうよくなかったのかを考え、理解する必要があります。落ち着いて考えられる状況を作るためにも、お子さんが何かよくないことをしてしまったら、優しい口調で原因や状況を聞く声かけをするとよいでしょう。

SCENE 9

子どもに積極的に行動してほしいとき

✕

あるあるひとこと

○○君はあんなに積極的なのに…。

○

これならうれしい

手伝ってくれてありがとう。

POINT

子どもの性格は人それぞれ。
他人と比べずに見守りましょう。

感謝の言葉が、子どもの自己肯定感の基になる

子どもというと、元気で活発なイメージがありますが、実は心配性で慎重な子も結構います。そんなタイプの子は、他の子に比べて積極性やチャレンジ精神に乏しいように見えます。見ていると、不安になることもあると思います。お友達はあんなに積極的なのに…と。

しかし、**その子が行動できないわけではありません。しっかりと状況を見て、あらゆる可能性や危険性を考えているからこそ、あえて行動しないだけ**なのです。なので、積極的ではなくても安心してください。

お子さんに**もっと積極的に行動してほしいなら、「手伝ってくれてありがとう」「助かるよ」と、日頃から感謝の気持ちを伝えましょう**。慎重な子は、他人の気持ちをくみ取る力、共感する力が強いことが多く、「喜んでもらえた」ということが、自分の喜びにつながります。大好きなお母さん、お父さんの「ありがとう」は、自分にとって大きな喜びなのです。

感謝してもらう。喜んでもらう。勇気をたたえてもらう。努力を認めてもらう。このひとつひとつが、お子さんの原動力になります。今は少し行動が遅いように感じるかもしれませんが、大丈夫。自己肯定感が高まっていけば、どんどん行動できるようになっていきます。

繊細っ子コラム 1

「繊細っ子」ってどんな子？

ひといちばい繊細で、心身が疲れやすく、生きづらさを感じている子がいます。それが繊細っ子です。

アメリカの心理学者、エレイン・N・アーロン博士は1996年、著書の中でHSC(Highly Sensitive Child）という心理学的な概念について書きました。

「HSP（Highly Sensitive Person)」や「繊細さん」という言葉を聞いたことのある人は多いでしょう。HSCは、その子ども版です。

僕はHSCのことを、親しみをこめて「繊細っ子」と呼んでいます。なぜ親しみを感じているかといえば、まぎれもなく僕自身が、この繊細っ子だったからです。

繊細っ子は、5人に1人いると言われています。音やにおいに敏感で、騒がしい場所を好みません。周りの環境に過剰に反応してしまう、繊細すぎてちょっとしたことで傷つきやすい、といった特徴があります。集団行動が苦手で、学校生活になじむことが難しく、不登校になる子も少なくありません。

こう聞くと、まるで繊細っ子であるのはよくないことだと感じるかもしれません。しかし、いまお伝えしたのは繊細っ子の一面にすぎません。**繊細っ子には、大きな長所もあります。**

繊細っ子は深く考えることができます。さまざまな可能性を考慮して、物事を慎重に判断します。しかし、まさか子どもがそこまで考えているとは思わないので、引っ込み思案とか、行動が遅いといった受け取られ方をしてしまうことも少なくありません。

また、繊細だからこそ、周囲のちょっとした変化に気づくことができます。**気配りが得意で、周囲を気遣う優しさをもっているのも、繊細っ子に共通する長所**です。

他人の感情に敏感で、共感力が高く、他の人の気持ちに寄り添うことができます。

長所も短所も、元をたどれば、「ひといちばい繊細である」というところから生まれています。繊細っ子について理解することで、短所を長所に転換することができるようになる。僕はそう信じて、日々カウンセリングをしています。

繊細っ子（HSC）チェックリスト

次の23の質問は、アーロン博士が作成したチェックリストをベースとして、子ども向けにアレンジされたものです。

お子さんについて、当てはまる場合、または、どちらかといえば当てはまる場合は「はい」。まったく当てはまらないか、ほぼ当てはまらない場合は「いいえ」と答えてください。

□1．すぐにびっくりする

□2．洋服のタグが肌に当たったり、服の生地がチクチクしたり、靴下の縫い目や締め付けをとても気にする

□3．ドッキリが嫌い。サプライズを喜ばない

□4．厳しく叱ったり罰を与えたりするより、優しく諭したほうが効果がある

□5．先生や親など、周囲の大人の気持ちをよく察する

□6．年齢の割に、難しい言葉をつかう
□7．においや香りに敏感で、いつもと違うにおいがするとすぐ気づく
□8．ユーモアのセンスが優れている
□9．直感が鋭い
□10．興奮することがあった日は、なかなか眠れなくなる
□11．大きな変化に適応するのが苦手
□12．服が濡れたり砂で汚れたりするのをイヤがり、すぐに着替えようとする
□13．やたらと質問してくる
□14．どんなことも完璧にこなそうとする
□15．他人の痛みや苦しみにすぐ気づく
□16．静かでおとなしい遊びが好き
□17．大人もハッとするような、深い質問、本質的な質問をしてくることがある
□18．痛みに敏感で、ちょっとしたことでもすごく痛がる
□19．騒がしい場所が苦手

□ 20. 細かな変化によく気づく

□ 21. 慎重で、安全を確認してから行動する

□ 22. 知らない人がいると、自分の力をあまり発揮できない

□ 23. 物事を深く考える

「はい」が13個以上ある場合、おそらくお子さんは繊細っ子（HSC）だといえるでしょう。

また、「はい」の数が少なくても、その度合いが極端に高い場合にも、お子さんは繊細っ子である可能性があります。

繊細っ子の6つの特徴

繊細っ子には、次のような特徴が見られます。

1 人の感情を読み取る力が高い

人の感情を読み取る力が優れています。そのため、相手がイライラしていたり怒っていたりすると、それに影響されて自分の気持ちが不安定になってしまうことがあります。これは、共感力が高いということでもあります。相手の気持ちを理解し、うれしいときは共に喜び、悲しいときは相手の心に寄り添うことができます。

2 疲れやすい

心身ともに疲れやすいです。五感だけでなく、気持ちをくみ取ったりする第六感も敏感なので、常にあらゆる刺激にさらされ続けています。いつだって身も心も疲れきっているため、いざというときここ一番の頑張りがききません。無理をしない生活が必要です。

3 想像力が豊かで、内的世界が充実している

物静かであまり発言はしませんが、自分の中ではさまざまな想像が膨らみ、あらゆることを考えています。小学校低学年くらいまでは、「こんなにいろいろ考えているのは

自分だけなのか」と、周囲とのギャップに苦しむかもしれません。

4 穏やかで争いを好まない

目標に向けて頑張ることはできますが、競争はあまり好みません。心優しく、人を守りたいという気持ちをもっています。平和主義で純粋、人を信じて疑わないところがあります。

5 マルチタスクが苦手

あらゆることから敏感に刺激を受けるため、さまざまなことを同時に行うことが苦手です。一度にたくさんのことを処理しなくてはならない場合、どこから手をつけていいかわからなくなります。

6 大人数が苦手

大勢の人から注目されたり、知らない人の前で話したりすることに大きなストレスを感じます。スピーチや発表会で体が硬直してしまう子もいます。

友人関係も少数精鋭で、本当に気の合うわずかな子と深く長く友情を育む傾向があります。

繊細っ子は、非常に感度の高いアンテナを常に張っているような状態です。

これは、緊張やストレスにもつながりますが、優しさや思いやりのもとでもあります。

第2章

未就学児、小学生、中学・高校生

成長段階別・親子がわかりあえるひとこと

学校になじめないのも、ひとつの個性

学校というのは、実はかなり特殊な環境です。ほとんどの時間を、集団で過ごさなければなりません。決められた時間通りに行動することが求められ、いつ、何を学ぶのかを、自分で選ぶこともできません。トイレにすら、行きたいときに行くことができない場合もあります。

学校生活では勤勉であること、友人と仲がいいこと、明るくて活発であることが求められます。強制されるわけではないのですが、そこには「無言の圧力」があります。

息苦しさを感じ、耐えられない子どもも少なくありません。しかし、これは何ら不思議なことでも、悪いことでもありません。**学校になじめないことは、ひとつの個性だと思って、尊重してください**。学校になじめないところも個性として認めて、苦手なことがあっても上手くやり過ごしたり、避けたりできるような環境を整えていきたいですね。

そのためには、周囲の協力が必要なこともあります。協力してもらえそうなら、どんどんお願いしてみましょう。

たとえば、給食が苦手だったら、そのことを学校に伝えてください。できる範囲で対応してもらえるはずです。人目が気になる子なら、別室で食べさせてもらえるかもしれないし、味覚が敏感で好き嫌いがある場合には、苦手なおかずの量を減らしてもらえるかもしれません。においに敏感な子は、掃除用具や水槽から離れた席で食べさせてもらえるかもしれません。

また、僕の場合は、他人が叱られている声が苦手でした。学校に配慮を求めたら、担任の先生が、なるべく別室で叱るようにしてくれました。

あと、緊張するとすぐトイレに行きたくなることを伝えたら、いつでもトイレに出やすいように、後ろのドアに近い席にしてもらうことができました。

お子さんの**「苦手」を理解して、それを他の人にも伝えることができれば、助けてもらえる範囲が広がります**。もちろん、場合によっては対応しきれないこともあるでしょうけれど、先生や友達と一緒に考えてみることは、決して無駄にはなりません。それに、そういったことが苦手なのはお子さんだけではなく、他の子どもたちも実はイヤだなぁと感じているかもしれません。

第2章では、就学前から中学・高校まで、各段階によくあるシーンにそって、お子さんを支える「ひとこと」をお伝えします。

SCENE 10 当たり前のことができないとき①

×

あるあるひとこと

そんなのできて当たり前よ。

○

これならうれしい

何が難しかったかな？

POINT

子どもが考えていることを聞いてみると、そうかと納得できるかも。

できないことを責めるのではなく、理由を聞いてみよう

当たり前のことが当たり前にできない。これは、よくあることです。誰にだって得意・不得意はあります。みんなができることであっても、お子さんにはそれが難しいと感じられたり、苦手意識をもっていたりすることもあるのです。

たとえば挨拶。**誰にでもできそうなものですが、恥ずかしがり屋さんにとっては、これがなかなか難しい。相手からされた挨拶を返すだけならそこまで難しくはありませんが、自分から挨拶しようとすると、なかなかできません。相手のペースやスペースに割り込んでしまうような感じがして、気が引けてしまう**のです。

当たり前のことがなぜかできないときは、**「何が難しかったかな？」と、聞いてみてください。**自分から声をかけるのが苦手、頼ってはいけない気がする、断ったら悪いと思って…、当たり前のことが当たり前にできない裏には、さまざまな理由があるはずです。

特に相手のいることについては、**相手の気持ちをくみ取りすぎたり、仲間内の空気を壊してはいけないと配慮しすぎることで、できなくなってしまう**ことがあります。僕も、集団行動が苦手で、一人でいたり少人数で過ごしたりするほうが、心地よかったです。

できないことを責めるより、理由や原因を尋ねてみると、解決の糸口が見えてきます。

SCENE 11

当たり前のことができないとき②

あるあるひとこと
どうしてできないの？
これならうれしい
どこが難しいのかな？

POINT

「～かな？」、「～なの？」など、語尾を「な行」にすると優しい声かけに。

「なぜ？」「どうして？」と聞かれると、怒られている気がする

前の項で「できない理由や原因を探るような声かけをする」と書きました。理由や原因を探る声かけと聞くと、「なぜ？」「どうして？」と問えばいいような気がします。

でも、ちょっと待ってください。**「なぜ？」「どうして？」と聞かれると、なんだか批判されているような、怒られているような気持ちになってしまう**子もいます。

こちらは理由が聞きたいだけなのに、「自分の言っていることが伝わらなかった」→「お母さんは僕と違う考え方なんだ」→「僕の考え方は間違っているんだ」→「僕はダメなんだ」というネガティブな思考が一気に駆け抜けるのです。

こうなると、頭は真っ白。「僕はダメなんだ」「僕なんて」「どうせ僕は」と否定的な考えが頭の中をグルグル。もう何を言われても、耳に入ってきません。

そうならないように、**できない理由や原因を探るときには、優しいトーンで「どこが難しいのかな？」と聞くようにしてください。**

「〜かな？」という語尾は、特に優しい響きがするので、おすすめです。

また、**「なぜ？」「どうして？」と聞かれると責められているように感じてしまう人は、大人でもいます。普段から使わないようにするとよい**でしょう。

SCENE 12 子どもがなかなか片付けないとき

あるあるひとこと

片付けないと捨てるよ。

これならうれしい

一緒に片付けしようか。

POINT

「捨てる」と言われて、子どもが
言うことを聞くのはその場限り。

子どもと一緒に片付けながら、習慣づけよう

片付いた環境は、とても大切です。僕は以前、体調のよくない時期が続いていました。そのときは片付けもできず、ぐちゃぐちゃな部屋の中は、自分の頭や心の中を表しているようでした。しかし、母が僕の部屋を片付けてくれて、部屋がきれいになると自分も少しスッキリした気持ちになって起きられました。

片付けは習慣なので、幼い時期からしつけることが大切です。しかし、何度言っても片付けないのが子どもというもの。言っても言っても聞かないと、**「片付けないと捨てちゃうよ」と言ってしまうこともあると思います。しかし、言うことを聞くのはその場限り**です。また、片付けなければ捨てると言われた記憶だけが残り、片付け方を学べないのでおすすめできません。それよりも、**「一緒に片付けしようか」と声をかけてください。大好きなお母さん、お父さんと一緒に片付けるなら、それも一つの遊び**になります。

そして、部屋の広さや収納スペースに対して、モノが多すぎていませんか？　適切な量のモノが適切な場所に配置されている。そういった片付けしやすい環境を整えることで、片付けの習慣が身につきやすくなります。どういう収納にすれば片付けしやすくなるか、どういうルールにすれば楽しく片付けられるようになるか、環境そのものを工夫してみてください。

SCENE 13

カンシャクを起こしたとき

×

あるあるひとこと

勝手にしなさい。

○

これならうれしい

つらかったね。

POINT

イヤだという気持ちに共感してあげると、気持ちが治まってくる。

我慢しきれずに爆発して起きるのがカンシャク

子どもの中には、カンシャクを起こしやすい子がいます。**カンシャクは、気性の激しさやワガママからくるものだけではありません。ちょっとしたイライラが自分のキャパを超えてしまい、爆発してしまう**というパターンもあるのです。

たとえば、肌の感覚が敏感な子やアトピー、乾燥肌の子は、靴下の締め付け、服のタグが肌にこすれる感じ、ニットのチクチクする感じなどがトリガーとなって、カンシャクを起こしてしまうことがあります。僕もそのタイプでした。これは、普通の感覚の人からすると、そんなことくらいで…と思ってしまうでしょう。でも、本当に、我慢できないほど不快なのです。それはもう、頭をかきむしって「うわーっ！」って叫びたくなるくらい、イヤなのです。

カンシャクを起こされると、どうしていいかわからずに、強い言葉をかけてしまいたくなると思います。でも、**強い言葉をかけても、カンシャクは治まりません。むしろ、余計にパニックに陥ってしまう**だけです。カンシャクを起こすとき、本人は何かしらつらい気持ちになっています。なので、**とりあえず「つらかったね」と声をかけてあげてください。共感してもらうことで気持ちが安らぎ、カンシャクが多少は早く治まります。**

SCENE 14

ぐずりが長引くとき

×

あるあるひとこと

いい子にしてないと
オバケがくるよ。

○

これならうれしい

どうしたの？
どこか痛い？

POINT

イヤなこと、気持ちを自分で
表せるようにみちびいて。

ぐずりは、イヤなことや構ってほしい気持ちの表れかも

カンシャクまではいかないものの、いつまでも機嫌が悪くぐずぐずしている。**幼い頃は、自分の感情や思っていることを言葉で上手く伝えることができません。なので、泣いたり、大きな声を出したり、八つ当たりしたり、自分にできることで表現しようとする**のです。

これを収めようとして、「オバケがくるよ」「鬼がくるよ」と脅すのは、やめましょう。たしかにその場は収まるかもしれませんが、いずれ別の形で爆発してしまいます。

ぐずっているのには、理由があります。**「どうしたの？　どこか痛い？」と、その理由を聞いてみてください。**痛いなら、うん、とうなずいてくれるかもしれません。もし、お子さんが**上手く言葉にできなかったとしても、気にかけてもらえている、心配してもらえていることは伝わる**はずです。

そのような場合には、感情をどう表現するのか、普段から練習してみることをおすすめします。「足をぶつけちゃった。痛いよー」「ぶるぶる、なんだか寒いな」「この番組、怖いね」と、**親が気持ちや思っていることを伝えるときの表現を示してあげるのも、効果的**です。

ぐずっているときは寄り添う声かけを、普段は気持ちを伝えるお手本となる声かけを、心がけてください。

SCENE 15

預け先で別れるとき

✕ あるあるひとこと

ごめんね。
お仕事行ってくるね。

〇 これならうれしい

お仕事頑張ってくるね。
お家に帰ったら一緒に
お絵かきしようね。

POINT

謝るのではなく、
前向きな言葉をかけよう。

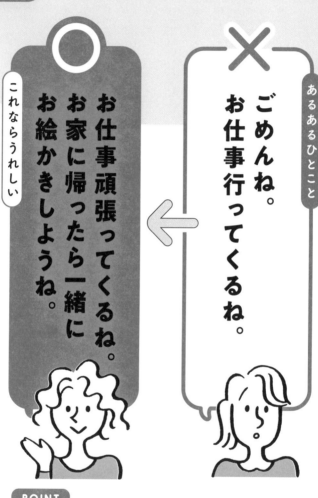

子どもを預けるのは悪いことじゃない！

お子さんを保育園に預けて仕事に行くとき、かわいそう、ごめんね、と後ろめたく感じるかもしれません。

でも、別れ際に謝られてしまうと、子どもは不安な気持ちになってしまいます。**鋭いお子さんの場合、親御さんの後ろめたさや申し訳ない気持ちを察知して、「これは何かよくないことなんだ」と不安や恐怖を感じてしまう**ことがあります。

ですから、できるだけ前向きな言葉をかけてあげましょう。「家に帰ったら一緒に遊ぼうね」**と伝えることで、「自分は大切にされているんだ」「楽しい時間が待ってるんだ」と気づき、離れて過ごす不安がやわらぎます。**

預けることは、悪いことではありません。保育園や幼稚園でお友達と過ごす時間、保育士さんと過ごす時間は、子どもにとってさまざまな事柄を学ぶ機会になっています。

胸を張って堂々と、お子さんを預けてください。そして、自分の時間や仕事の時間を充実させてください。

お母さん、お父さんが明るく元気でいてくれること、前向きな言葉をかけてくれることが、子どもにとって最高のご褒美です。

SCENE 16

初めての場所に行くとき

× あるあるひとこと

お友達と仲良くできるかな？

○ これならうれしい

新しい公園、楽しみだね。

POINT

「～できる？」ではなく、
「初めて」が楽しみになるひとことを。

家での触れ合いや会話が、社会性を育てる

新しい場所に行くこと、新しい人に出会うことは、大切な経験です。多くの子どもにとって、楽しみでもあります。しかし、**人見知りの強い子にとって、新しい場所に行ったり新しい人に会ったりすることは、とても緊張するシチュエーション**です。いつもの場所でいつもの人と遊びたい。それが、人見知りな子の本音だったりします。

とはいえ、それでは社会性は育ちません。新しい場所に行くことも大切な学びのひとつです。新しい公園などに行くとき、**「お友達と仲良くできるかな？」と言われると、プレッシャーを感じてしまいます。「新しい公園、楽しみだね」と楽しい気持ちになるよう、誘導してあげ**てください。

新しい場所に行きたがらない子なら、体調のよいときに一緒に軽く下見しておくことも、有効です。緊張が強い子は、新しい環境に少しずつ慣らしていくようにしましょう。

また、人と話したがらない子の場合、**人見知りのせいだけでなく、家での会話が少ないことが原因の場合も**あります。家での会話が少なければ、外で話すことはさらに少なくなります。人に会うからといって、急に会話がたくさんできるようにはなりません。普段から家族でたくさん会話することで、外での会話も増えていきますよ。

SCENE 17

積極的に楽しんでほしいとき

×　あるあるひとこと

恥ずかしがってちゃダメよ。

○　これならうれしい

明日行くのは、こんなところだよ。

POINT

子どもにはサプライズよりも
「安心感」が重要。

子どもの好奇心を引き出すと、初めてでも楽しめる

新しい場所に行ったとき、お子さんがもじもじしていると、「せっかくの機会なんだから、もっと積極的に遊べばいいのに」「新しいお友達と遊べばいいのに」と思いますよね。

物おじせずに友達を作る子と比べると、少し不安になることもあるかもしれません。でも、大丈夫です。**人見知りや場所見知りは、決して悪いことではありません。自分の家族や家との違いを認識している、ここは安全な場所なのかを見極めようとしている証拠**です。

幼児期はこれまでの経験が少ない分、新しい人、新しい場所に行く機会が多く、いつももじもじしているように見えるかもしれません。でも、そんなことはありません。

もう少し積極的に新しい場所を楽しんでほしいなら、事前に情報を与えておくといいでしょう。たとえばスマホなどで写真を見せながら**「明日行くのは、こんなところだよ」**と伝えるだけでも、効果はあります。

「このお店でお昼を食べてみようか」「こんな大きな滑り台があるんだね」「絵本の読み聞かせがあるんだって。行ってみない？」のように、**その場所でできる楽しみと一緒に、事前情報があると安心**し、ワクワクする気持ちも湧いてきます。慎重で不安が強いタイプのお子さんにも、好奇心やワクワクを引き出す声かけをすると、楽しく過ごせますよ。

子育て
コラム
1

子どもが笑顔になる子育てのポイント

とにかく、どんどんいいところを見つけて、ほめてください。

子育てには「しつける」というイメージがあるので、つい、「こうしなさい」「それはいけない」と、ダメ出しをしたくなるかもしれません。でも、**ダメ出しばかりされていたら、自己肯定感は育ちません。特に感受性の強いタイプの子どもは、「自分は他の子とは違う」「こんなことではダメだ」と思ってしまいがち**です。

なので、できるだけほめてください。

これまでは見逃していたところも見逃さず、**ほめられる部分はすべてほめる、くらいの勢いでちょうどいい**です。

たとえば、60点のテスト。１００点だったらもちろんほめると思いますが、60点となると、ほめることはできないかもしれません。でも、60点だからといってその子が頑張っていなかったかといえば、そんなことはないはずです。

暑い中、勉強していたかもしれません。いつもは勉強しないでテストを受けていたのに、今回はテストのために準備したかもしれません。そんなささやかなところでいいので、見つけてほめてください。

このとき、**結果をほめるのではなくて、なるべく意志や取り組む姿勢などの過程をほめてください。結果はどうあれ、頑張ればほめてもらえることがわかれば、頑張りがいがあるというものです。**

しだいに、頑張ることに喜びを感じるようになっていきます。

とはいえ、親御さんの中には、自分たちが厳しく育てられてきたので、どうほめていいのかわからないという方もいるでしょう。

お子さんをほめるときには、自分の気持ちに注目してください。

お子さんが何かしていて、自分が「うれしい」「ありがとう」と感じたとき、それを言葉にすればいいのです。

食事の支度をしていたら、お皿を並べてくれた。「ありがとう」

買い物のとき、荷物を運ぶのを手伝ってくれた。「ありがとう」

母の日や父の日に「ありがとう」と言ってもらえた。「うれしい」

こんなひとことが、お子さんにとっては充分なほめ言葉です。

「すごいね」「えらいね」だけがほめ言葉ではありませんので、日常的に感謝や喜びの気持ちを伝えてください。そのひとことが、お子さんの心の栄養になります。

SCENE 18

新しい環境に移ったとき

✕ あるあるひとこと

お兄ちゃんはできるのに…。

○ これならうれしい

一緒にやってみようか。

POINT

大人でも新しいことを覚えるのは大変。
子どもは全部初めて！

長時間着席しているだけでも負担になる。気長に見守って

小学校に入ると、生活も環境も急に変わります。これは大きな負担です。幼稚園や保育園では自由に遊べたのに、小学校では授業の時間があって、長時間席に着いていなければいけない。トイレも自由に行けない。**覚えなければいけないこと、適応しなければいけないことが多すぎて、パニック寸前**です。

学校に行く支度も、毎日同じではありません。「算数と国語があるから、教科書とノートを持っていって。鉛筆削らなきゃ。あ、紅白帽も持っていかないといけないんだった」と時間割を見て、持っていくものを揃えて、ときには特別な持ち物があることも。

緊張でよく眠れなかったり、疲れがたまってきたり、ぼうっとして忘れ物が増えるかもしれません。そんなとき、他の子と比べられると、本当にきつい。ちゃんとできていなかったとしても、本人は頑張っています。

「一緒に支度しようか」「宿題、一緒にやろう」と寄り添ってあげてください。

すぐにはできるようにならないかもしれません。しかし、時間をかけて身につけた習慣は、長く続けられるものです。物覚えが悪いのではなく、学校生活での刺激が強すぎて、処理が追いついていないだけ。気長に見守ってください。

SCENE 19

友達とケンカをしたとき

×

あるあるひとこと

どうして友達と仲良くできないの？

○

これならうれしい

どういうことがあって、ケンカになっちゃったの？

POINT

怒る前にまずケンカになった経緯を聞いて、子どもと信頼関係を築こう。

ケンカがすべて悪いのではない。まずは話を聞いてみよう

お友達とケンカをしてしまった。そう聞くと、慌ててしまいますよね。「ケンカなんかしちゃダメじゃない」「仲直りさせなきゃ」と頭の中でグルグルまわり、つい、「どうして友達と仲良くできないの？」と責めてしまった。そんな経験をもつ方もいるでしょう。

ところで、**そもそもケンカはよくないことなのでしょうか？** もちろん、暴力をふるってしまったとか、相手にケガをさせてしまった、暴言を吐いてしまったということがあれば、そこは謝罪と反省が必要です。しかし、意見の食い違いから口ゲンカに発展してしまったということなら、特に問題はありません。また、この程度のケンカが、割合としてもいちばん多いものです。

「ケンカした」と聞いただけで叱ってしまうのは、ちょっと気が早すぎます。まずは、ケンカが起こるまでの経緯を聞きましょう。**落ち着いた口調で優しく「どういうことがあって、ケンカになっちゃったの？」と聞いて**あげてください。叱られるかも…と思って緊張していた気持ちがほぐれて、ぽつりぽつりと、状況を話してくれるはずです。

どんなときも話を聞いてくれる。そう思えると、「お母さん（お父さん）に相談してみようかな」となるかもしれません。信頼関係を築くためには、普段からの声かけが大切です。

SCENE 20

子どもが悪口を言い出したとき

×

あるあるひとこと

そんなこと言っちゃ
ダメでしょ。

○

これならうれしい

そんなにイヤだったんだね。
どこがイヤだったの？
よかったら詳しく聞かせて。

POINT

頭ごなしに叱るのではなく、
子どもがイヤだと思った理由を聞く。

悪口もSOSサイン。まずは理由を聞いてみて

たとえば、お子さんが「先生が嫌い」、「○○ちゃんが苦手」、「学童がつまらない」と言ったとき、まるで悪口を聞かされているような気がして、「そんなこと言っちゃダメでしょ」とたしなめたくなるものです。しかし、それは本当に悪口なのでしょうか？

実はお子さんの大切なSOSサインかもしれません。こんなことをお子さんが言ってきたら、むしろチャンスです。**「そんなにイヤだったんだね」と受け入れ、「どこがイヤだったの？　よかったら詳しく聞かせて」と、話を聞き出しましょう。**

お子さんが「イヤ」と感じるところを丁寧に聞いてみると、お子さんの苦手ポイントが浮かび上がってきます。「何が」「どのくらい」「どんな状況」になると「どんなふうにイヤになるのか」、わかってきたら、それを書き留めておきましょう。

僕の場合は、すぐに怒る人や不機嫌な人と、長時間一緒にいなければならない状況になると恐怖を感じていました。これがわかれば、そのような状況を避けることができます。僕の母は、このことを学校に伝えてくれました。すると、先生は、誰かを叱る際、教室で叱るのではなく、職員室や空いている教室に呼び出して、個別に叱るようにしてくれました。

まずは、苦手なことを聞き出し、子どものSOSを認識することが大切です。

SCENE 21 いつもと様子が違うとき

×

あるあるひとこと

最近、ちょっとおかしいわよ。

○

これならうれしい

何か困ってることがあったら、教えてね。

POINT

いつもと様子が違うことを
「おかしい」と表現するのは×。

学校や集団生活になじめない不安が原因のことも

小学校や学童保育などの集団生活の刺激に、あまり耐えられないタイプの子どももいます。朝礼などの集会、閉めきった教室での集団授業、クラスメイトや先生の大きな声、誰かが怒られている場面などに直面すると、大きく不安をかき立てられてしまうのです。

お子さんの**様子が何かおかしいと感じたら、学校での刺激に疲れてしまっている可能性も視野に入れてください。そして、「何か困ってることがあったら、教えてね」**とひとこと、声をかけてほしいのです。

「実はね…」とお子さんが答えてくれたら、ゆっくり時間をとって、丁寧に聞いてください。不安をやわらげる方法として有効なのは、何が苦手なのかを自覚することです。苦手を根本から克服することは、難しいでしょう。でも、その苦手なものを知って対策し、上手く付き合っていくことなら可能です。

たとえば僕は、集団での食事が苦手でした。なので、先生に「僕は集団で食事をすると緊張して吐き気をもよおすことがあります。給食は残すこともあります」とあらかじめ伝えておきました。**最初に伝えておくと、割とすんなり受け入れてもらえます。何が苦手なのか、何ができないのか、具体化しておく**ことは有効な対策です。

SCENE 22

友達ができたか心配なとき

× あるあるひとこと

友達たくさんできた？

○ これならうれしい

学校の休み時間はどんな遊びをしているの？

POINT

一緒に遊んでいる子を「友達」と
言っていいのか、わからないのかも。

友達付き合いは、安心して信頼できる子と少人数で

恥ずかしがりの子は、友達がなかなかできないことがあります。気の合う友達が1人か2人いて、多くの子と広く浅く友達付き合いをするのは苦手であることも多いです。

僕自身もそうでした。仲良しのいつもの友達とおしゃべりしたり遊んだり。当時はそれで充分だと思っていましたし、今でもそう思います。しかし、なぜか学校では、「友達は多いほうがいい」みたいな風潮があります。これは、結構なプレッシャーです。

親御さんとしては、お子さんに友達ができたかどうか、気になるところだと思います。そんなときは、**「友達たくさんできた？」とストレートに聞くのではなく、「学校の休み時間はどんな遊びをしているの？」といった感じで、学校での様子を聞くようにして**ください。どんなふうに過ごしているのかを聞いているうちに、「○○ちゃんって子の話がよく出てくるな」「□□くんと一緒に帰ってきてるんだ」と、少しずつ交友関係が見えてきます。

もし、全然お友達がいないようであれば、学校以外のコミュニティに参加してみることをおすすめします。手芸教室、少年野球、ダンスサークル、何でも構いません。僕は、サッカーチームに入っていました。同じ趣味をもつ子たちが集まる場であれば、会話もはずむし、友達ができやすいです。

SCENE 23

帰ってすぐに宿題をしないとき

×

あるあるひとこと

早く宿題やりなさい。

○

これならうれしい

今日は宿題、いつやろうか？

POINT

宿題は、その日のうちに
終われば問題ない。

まずは学校での疲れを、リフレッシュさせてあげよう

静かな環境が好きな子や疲れやすい子にとって、**学校はなかなかに過酷な場所**です。クラスの中には、いろんな子がいます。大声で騒ぐ子、走り回る子、言葉のきつい子、ちょっと乱暴な子。また、優しい穏やかな先生もいれば、ピリピリした雰囲気の厳しい先生もいます。

小学校は、常にガヤガヤしていて、うるさい。そんな中で長時間過ごしてくるので、帰宅したときにはもうぐったり。そんな子も多いと思います。僕もそうでしたから、よくわかります。帰ったらまず昼寝をして、気力と体力を回復させていました。お腹が空く子もいるので、おやつや軽めの食事を食べさせるのもいいと思います。

家に帰ったらすぐ宿題。これは、元気のあり余っている子には問題ありませんが、疲れやすい子にはちょっとしんどいかもしれません。もちろん、**宿題をやらないといけないことはわかっています。なので、宿題が気になったら、「今日は宿題、いつやろうか？」と声をかけてください。「疲れてるから、ちょっと寝てからやるね」「お腹空いたから、おやつ食べながら宿題したいな」など、その日の体調に合わせて、**宿題ができるといいですね。

とにかく学校で疲れているので、家は体力の回復と気分のリフレッシュをする場所だという気持ちで、迎えてあげてください。

子育てコラム 2

イジメのターゲットにされたら？

残念ながら、学校でのイジメは、なくなっていません。イジメというのは、対等な関係からは起こりません。強い子が弱そうに見える子をイジメる。これが、ほとんどのパターンです。

気の弱い子や優しい子は、強い子の子分のような感じの扱いを受けることも多いです。歯向かえずに圧倒されてしまい、しょんぼり従う…というケースが結構あります。

ちょっとしたことにも動揺する子は、イジメる側としては、からかいがいがあるのかもしれません。少しおどおどしたところがあるので、「こいつなら、言い返してこないだろう」「歯向かってこないだろう」とナメられてしまうのでしょう。

その場で即座に言い返すことができないと、相手はどんどんエスカレートしていきます。そして、しだいにイジメへと発展する。そんな状況に陥ってしまうこともあります。

学校というのは特殊な環境なので、誰しもが多少のストレスを感じています。中学・高校時代には、思春期特有のイライラも、そこに上乗せされ、攻撃性の高まってしまう生徒も少なくありません。

気の弱い子や優しい子は、そんな子のターゲットにされやすいのです。

もし、お子さんがイジメられていることを伝えてきたら、しっかり話を聞いてあげてください。イジメを告白するというのは、非常に勇気のいることです。

イジメは、イジメた側に問題があります。しかしなぜか、イジメられた側が引け目を感じやすいというゆがんだ構造をしています。

そこを乗り越えて、話してくれたのですから、**「話してくれてありがとう」**のひとことを、忘れずに伝えてください。

イジメに対しては、親もしっかりと関わっていくことが大切です。子ども同士に任せていると、気の弱い子や優しい子は、相手や先生に気を遣って「自分が我慢すればいいや」と思ってしまうこともあります。これでは、何の解決にもなりません。

お子さんからしっかり話を聞いたうえで、学校側に相談してみましょう。

SCENE 24
学校での様子を話してくれないとき

あるあるひとこと

最近、学校では上手くいってるの？

これならうれしい

学校でのこと、いろいろ聞かせてね。

中学・高校生

POINT

干渉されたくない気持ちも
強い時期。待つことが大事。

単純に反抗期かも。本人のタイミングを待って

小学生の頃に比べると、体も大きくなって、頼もしく思えるかもしれません。**でも、大人扱いするにはまだ早い時期です。子ども側としても、干渉されたくない気持ちが強く、何か困り事があっても家族にはあまり打ち明けなくなります。**僕自身はそんなに激しい反抗期はありませんでしたが、思春期の頃は、心配かけたくないという気持ちが強くて、悩みを一人で抱え込むことが多かったです。反発心の強い子も、繊細で優しい子も、心にフタをしやすい時期だと言えるでしょう。

「学校でのこと、いろいろ聞かせてね」「お話、楽しみにしているね」と、話を聞きたいと思っていることを伝え、あとは、本人が話す気になるまで待ってください。

急に食べる量が減ったり、眠れなくなったりしたら、それは何かストレスを抱えているサインかもしれません。そんなときは、**「最近食べる量が減ったみたいだけど…」「眠れてないようだけど…」という前置きを入れてから「心配事とかあるの？」「学校で何かつらいことがあったの？」と聞いてみるのもよい**と思います。

とはいえ、「話したい」と「話したくない」がせめぎ合う時期ですので、タイミングがくるまで**「何か手伝えることがあったらいつでも言ってね」**と、じっと待つことが大切です。

SCENE 25

勉強についていけているか心配なとき

✕ あるあるひとこと

勉強、ついていけてる？

〇 これならうれしい

勉強、いつも頑張ってるね。

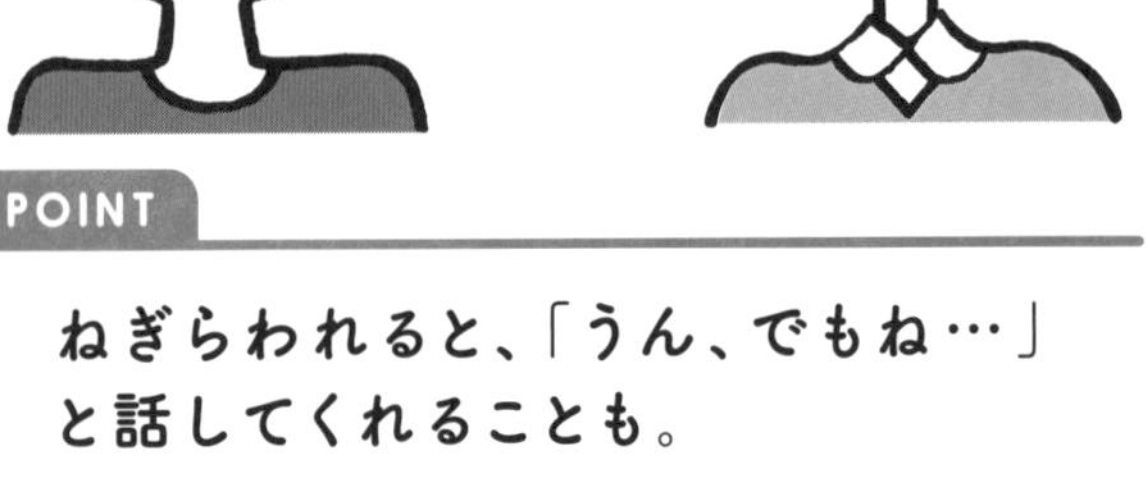

POINT

ねぎらわれると、「うん、でもね…」
と話してくれることも。

勉強に集中できる環境作りが大事

中学生になると、勉強が少しずつ難しくなっていきます。授業についていけているか、心配だとは思いますが、「勉強、ついていけてる?」と聞かれると余計にプレッシャーを感じることがあります。そうではなく、**「勉強、いつも頑張ってるね」**と声をかけてあげてください。

また、家での学習環境についても、注意が必要です。

僕のカウンセリングを受けていた方のお子さんは、時間を決めて、きょうだい(※)一緒に勉強に取り組んでいました。しかし、中学生のお兄さんは、小学生の弟さんがどんどん宿題を進めていくことに耐えられなくて、勉強を途中でやめてしまいます。もちろんきょうだいで学習の内容や難しさは違うのですが、それでも、「弟はあんなに進んでいるのに、自分はダメだ」と感じてしまうようです。そこで、きょうだい別々に宿題をするようにアドバイスしました(親御さんとしては、一緒に宿題をやってくれると、いろいろ楽だとは思いますが)。そうしたらお兄さんも、しっかりと勉強を進められるようになったそうです。

(※)本書では、兄弟や姉妹のことを総称して「きょうだい」と記します

それが**家族であっても、周りのことが気になる子はいるのです。いろいろ試しながら、勉強に集中しやすい環境を整えることが大事**だと思います。

SCENE 26

子どもが嘘をついたとき

✕

あるあるひとこと

なんで嘘なんかついたの？

○

これならうれしい

言いにくいことを聞いてごめんね。もしよかったら、本当のことを言えなかった理由を聞かせて。

POINT

本当のことを言ったら怒られるかも…。
都合が悪いから嘘をつく。

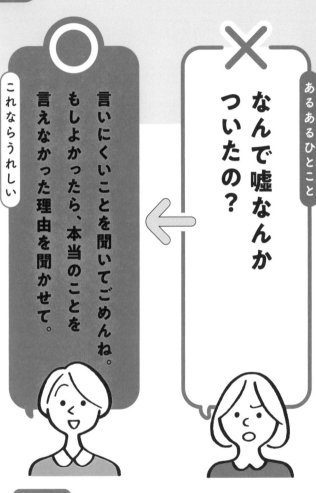

嘘をつかなくてもいい、気持ちをくみ取れる関係に

子どもが嘘をついたとき。これは結構、対応に困ると思います。もし、嘘をついているな、と気づいたとしても、それが明らかになるまでは、嘘だと断定せずに様子をみてください。**証拠のない段階で疑われたと感じると、余計に心を閉ざしてしまいかねません。声をかけるのは、嘘だと完全に判明した後に**しましょう。

子どもの嘘はよくバレるものですが、実際に嘘がバレると、本人としてはかなり気まずいものです。そのとき、「なんで嘘なんかついたの？」と問い詰められると、非常につらい。

そう言いたい気持ちを抑えて、寄り添ったひとことをかけてもらえると、ありがたいです。「なんで嘘なんかついたの？」も、**「本当のことを言えなかった理由を聞かせて」**も、言っていることは同じ。嘘をついた理由を尋ねています。でも、言い方ひとつで、ここまで印象が違うのです。**「言いにくいことを聞いてごめんね」**と最初に付け足すことで、責める気持ちはないこと、思いやりをもって接してもらえることが伝わります。

もちろん、嘘をつくのはよくない。でも、嘘をつかざるを得ない状況だったかもしれないし、嘘をつきたくなるほど心が荒んでいたのかもしれない。気持ちをくみ取って、善悪とは別の切り口から声をかけてもらえると、お子さんは救われると思います。

SCENE 27

イライラ怒りっぽいとき

×

あるあるひとこと

何が不満なの？
言ってくれなきゃ
わからないわよ。

○

これならうれしい

疲れてるみたいだけど、
どうしたの？

POINT

子どもの「疲れてる」「しんどい」は
ちゃんと聞いて。

子どものイライラは「ストレスサイン」かも

学校には、合う、合わないがあります。子どもの性格や気質、校風やクラスメイトとの相性もありますが、学校と合わないお子さんにとって、日々の学校生活はとてもストレスフル。お子さんが最近なんか怒りっぽいな、イライラしているな、と感じたら、それは、ストレスがたまっているサインです。

イライラの原因が家庭にないことも多いので、「何が不満なの？　言ってくれなきゃわからないわよ」と詰め寄るのではなく、「疲れてるみたいだけど、どうしたの？」と尋ねてみてください。大きなストレスなら見つけやすいし、対策もしやすいのですが、小さなストレスはそうもいきません。見えないところで積もり積もって、キャパを超えた瞬間、大きな問題となって表れるのです。

食欲、体調、睡眠に変化はありませんか？

妙に甘えてきたり、おしゃべりになったりしていませんか？

逆に、反抗的になったり、口数が減ったりしていませんか？

感情の起伏が激しく、落ち着かない様子は見られませんか？

そんなときは**「困ったことがあれば、いつでも話してね」と声をかけて**あげてください。

SCENE 28 何があったかわからないとき

あるあるひとこと

何があったの？
言いなさい。

これならうれしい

顔色があまりよくないけど、学校で何かあったのかな？

POINT

問い詰めるのは逆効果。
「気にかけている」ことを伝えよう。

「親は自分の味方だ」と思えば、話してくれる

子どものケアとプライバシーのバランスは、難しい問題です。感受性が強くて傷つきやすい子の場合、ときには自室にこもりきりになることもあります。心配だとは思いますが、一人で静かに過ごせる時間はとても大切です。

普段と様子が違って心配なとき、単刀直入に「何があったの？」といきなり聞いても、なかなか答えてもらえません。**思春期の頃は、心の中を探られることに大きな抵抗を感じる**からです。**それよりも、「顔色よくないね」と健康状態を気遣う言葉でワンクッションおいてから、「もしかして学校で何かあったの？」と切り出すとよい**でしょう。

もちろん、このように聞いても、すぐに答えてくれるとは限りません。**しかし、「気にかけているよ」「私は味方だよ」ということは伝わる**はずです。

もし、本人がイヤがらなければ、部屋の掃除をしてあげるのもいいと思います。僕自身、気持ちが安定しなかったり体がだるかったりしたとき、部屋の片付けがまったくできませんでした。いろいろしんどくて、体が動かないのです。そんなとき、文句も言わずに母がきれいにしてくれました。部屋がスッキリするだけで、気持ちが少し前向きになりましたし、その行動から、見守ってもらえていることを感じました。

SCENE 29

環境をリセットしたがるとき

✕ あるあるひとこと

転校したい？何言ってんの？

○ これならうれしい

どうして転校したいと思ったのか、話を聞かせて。

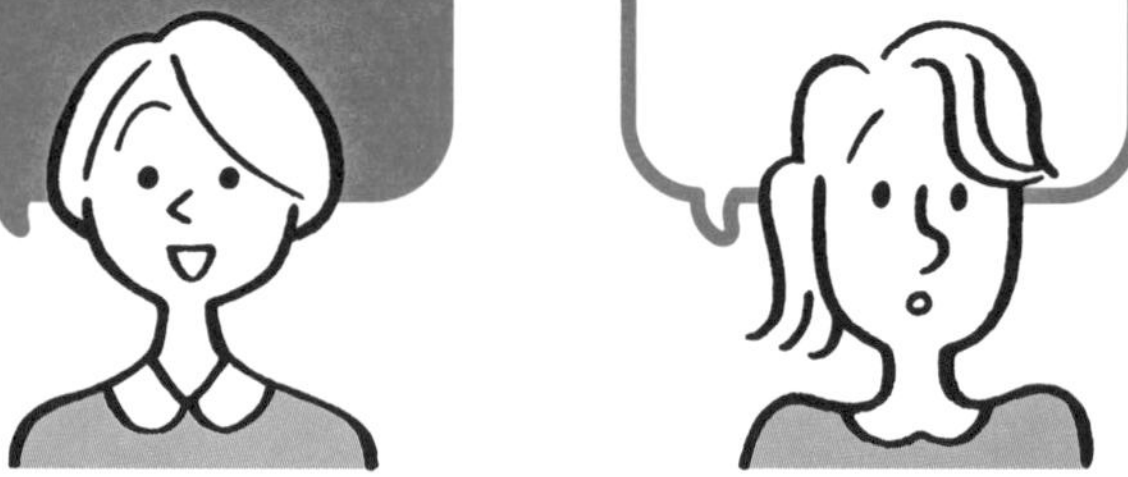

POINT

有無を言わさず却下するのではなく、まずは話を聞くことから。

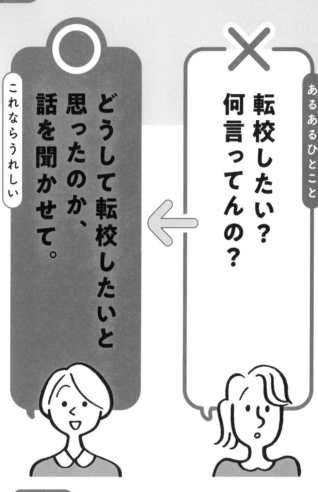

環境を変えたい理由によって、できることを考えて

皆さんも経験があると思いますが、**思春期の人間関係はかなり面倒くさい**です。みんなそれぞれに悩みを抱え、傷つきやすく、それでいて強がっている。素直に話し合うことができないことも多く、関係がこじれやすい。そのため、友達との間にトラブルが起こると、なんとか関係を修復しようと試みる前に、「いっそのこと縁を切ってしまおう」と考えることがあります。**自分で気まずい状況を変えるのではなく、環境自体をリセットしようとしてしまう**のです。

「転校したい」「習い事をやめたい」

そう言われたとき、もちろん、イジメやハラスメントを受けているのであれば、環境を変えることは大切です。でも、もしただ逃げたいだけなのだとしたら…。

それを見極めるためにも、**「どうして転校したいと思ったの？　話を聞かせて」**と声をかけてみましょう。転校するかしないかを考える前に、まずはその理由を知ることです。

「本当にこれで大丈夫かな？」と一緒に考え、ほどよいグレーな解決策がないか探ってみましょう。これからの人生、白黒つかないことのほうが多いのですから。

SCENE 30

あれこれ口を出したくなったとき

✕ あるあるひとこと

それは違うでしょう。

○ これならうれしい

なるほど、そう考えているのね。

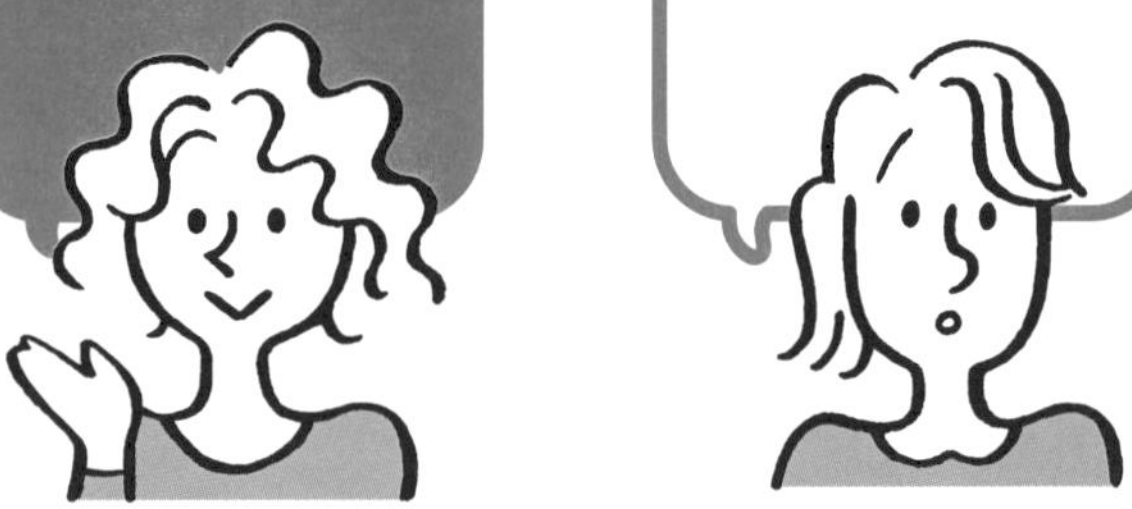

POINT

頭ごなしに否定せず、まずは子どもが考えていることを受け入れる。

子どもの意見を聞いたら、まずは受け止めてみて

体育祭や文化祭、修学旅行、部活や生徒会など、行事や活動を通して、意見が食い違ったり、イヤな雰囲気になったり。学校生活って、本当に次から次へと問題が起こります。傍から見ている親御さんは、きっと、手を貸したくて、口を出したくて、うずうずしていることと思います。でもそこは、グッとこらえてほしいところです。

中学生、高校生くらいになると、さまざまな問題を自分たちで解決できるようになってきます。親が力を貸すべきタイミングは、情報や選択肢が少なくて手詰まりになっているとき。そんなときは、**子どもの考えを聞いて、「なるほど、そう考えているのね」と一度は受け入れてください。そのうえで、「こういう選択肢もあるんだよ」と、情報を伝えてほしい**のです。

そして、**選択は本人の意思で決断させます。あくまで親はリソースで、決定権は本人にある。そんな気持ちでいてもらえると、子どもは安心して話を聞く**ことができます。

「あいつとは縁を切ってやる」「部活なんてやめてやる」

大きな問題に直面すると、子どもは白黒はっきりさせて一気にケリをつけたくなりがちですが、白と黒だけでなく、いろんな方法があるんだということを示してください。そして、どれを選ぶかは、本人次第です。

子育てコラム 3

部活や習い事はどうする？

部活や習い事は、本人が楽しめること、進んで「やりたい」と思えることが大前提です。普段の学校生活でも疲れているところにプラスして、部活や習い事をすることになるので、学校だけで疲れきってしまうようなら、少し休んだほうがよいでしょう。

また、**親のすすめで始めた習い事などは、本人があまり好きではない場合、大きなストレスになってしまうので、長続きしません。本人が楽しめているか、やりたがっているかを最優先して、部活や習い事を選ぶ**ようにしてください。

好きだけど体力的にきつい、やってみたら思ったほど好きになれなかった、チームメイトや指導者が苦手など、さまざまな理由から、途中でやめたくなることがあります。そんなとき、「あなたがやりたいって言ったんだから、最後までやりなさい」とか「せっかく始めたんだから、途中で諦めたらダメよ」とは言わないでください。

真面目な子の場合、親にそう言われたら、無理に頑張ってしまうことがあります。真面目な子は、ただでさえストレスをためやすいものです。ストレスにストレスを重ねる生活をしていたら、いつか壊れてしまいます。

「最後までやり通しなさい」と言うのではなく、何がつらいのか、どうしたいのか、悩みをしっかり聞く時間をとるようにしてください。

次々と部活や習い事を替える子もいます。そんなことでは何も身につかない、と心配になるかもしれませんが、それはそれでいいと思います。

「挑戦してみた」ということだって、充分な経験です。いろいろなことにチャレンジしてみることで、「スポーツは好きだけど、チームプレイは向いてないみたい」とか、「決まった曜日に行くのはつらい。疲れてないときだけ気軽に参加したい」みたいに、自分に合った活動の仕方が見つかります。

お子さんに必要なのは、まず心身をしっかり休ませること。疲れやストレスを解消したうえで、無理なく楽しくできる部活や習い事をするようにしましょう。

子育てコラム 4

幸せは伝染する

ハーバード大学医学部のニコラス・クリスタキス氏とカリフォルニア大学サンディエゴ校のジェイムズ・ファウラー氏の研究によると、幸せな人に囲まれている人は、将来幸せになる傾向がある、つまり「幸せが伝染する」ことがわかりました(※)。

これは、約5000人を20年間追跡調査した結果です。

この調査結果では、1人の幸せは、3回伝染することがわかっています。つまり、友達の友達の友達とか、親の友達の子どもとか、教え子の兄の友達のように、3つのつながりまで影響を与えるのです。ただの隣人でさえ、幸福になる確率が34%もアップするのだそうです。

親子の間であれば、「幸せの伝染」は、さらに顕著に表れることでしょう。

お子さんに幸せになってほしいなら、まずは、ご自分が幸せになることです。

日々の生活の中に、ほっとする時間、癒やされる時間、ワクワクする時間を、ぜひ取り入れてください。

(※)Dynamic spread of happiness in a large social network: longitudinal analysis over 20 years in the Framingham Heart Study

第3章

家庭と学校の「困った」に効くひとこと

個性がバラバラなきょうだい

落ち込みやすかったり、体調を崩しやすかったりといった、配慮やケアが必要な子がいると、どうしてもその子にばかり気をとられてしまいます。

他のきょうだいは、お友達とワイワイ遊んでいるし、学校でもそれなりに楽しく過ごしている。そうなると、ケアの必要な子に注意が向くのは、ある意味仕方のないことです。

しかし、**きょうだいからすれば、「なんで○○ちゃんばっかり、特別扱いなの？」と面白くありません。自分は放っておかれている気がする。自分は愛されていないいんじゃないか。そんなふうに感じてしまう**かもしれません。

きょうだいも配慮やケアの必要なタイプだった場合、親御さんの負担は大きくなりますが、きょうだいの不公平感はそこまでではないかもしれません。

きょうだいの問題は本当に難しくて、きょうだいが同じタイプなのか、そうではないのか。きょうだいの気質や性格、性別、年齢差などによっても変わってきます。そして、当たり前のことですが、**一人ひとりの個性がみんな違いますから、すべての状況に対して完璧な答えというのは存在しません。**

ただひとつ言えるのは、**きょうだいみんなに「あなたは大切な存在である」と伝えることが重要**だということです。これは、言葉と態度、両方で伝えましょう。

この本では、子どもの心を育む「ひとこと」を紹介しています。これらは、すべてのお子さんにとって大切なひとことです。ぜひ、きょうだいみんなに、同じように声をかけてください。

性格や気質、体力に違いはあっても、どの子も注意を向けられるべき大切な存在です。もちろん、タイプが違えば、遊ばせ方や指導の仕方は違ってきます。しかし、じっくり話を聞く、親の思いを伝える、叱る前に理由を聞く、といった基本の対応は、まったく変わりません。

子育ては、長期戦です。結論を急がず、ゆっくり寄り添うことを心がけてください。

また、子育ては毎日のことです。ほめるほうがいいとわかっていても、なかなかできないこともあると思います。そんなとき、どうかご自分を責めないでください。少し気分転換する時間をとることも大切です。

急がず、焦らず、ゆっくり進んでいきましょう。

SCENE 31

「わざとやっている？」と思うとき

×

あるあるひとこと

もう、なんなの？

○

これならうれしい

大好きだよ。

POINT

自分に興味をもってもらえているか、
愛されているか不安なのかも。

めんどくさい行動も、愛情を求めてのこと

親の気を引くために、食事や飲み物をわざとこぼす。これは、幼児期によく見られる行動です。何度も同じことをされると、イライラしますよね。掃除しなくちゃいけないし、つい、「もう、なんなの？」と言ってしまうかもしれません。

でも、わざと怒られるようなことをするのは、不安の表れでもあります。**愛情を試したくて、周囲の気を引きたくてやってしまう**「試し行動」なのです。なので、このような**行動が見られたら、落ち着いたときに、ハグしながら「大好きだよ」と声をかけて**ください。

わざと食べ物をこぼしたすぐ後に行うと、「食べ物をこぼすといいことがある」と学習をしてしまうので、ある程度の時間をおいてからにしましょう。食べ物をこぼしたことと、ハグや「大好き」の間に関係があると悟られないように。

この試し行動は、幼児期にはわかりやすいのですが、**成長してからも、乱暴な言葉や反抗的な態度という形で行われることがあります。すべてがそうではないのですが、もしかしたら愛情を確かめているのかも、という可能性も忘れずに**いてください。そして、お子さんが落ち着いているときに、**「最近、何にハマってるの？」などの会話で、相手への関心を示しながら「あなたの味方だよ」「大好きだよ」と伝える**ことが、お子さんの心の支えになります。

SCENE 32

急かしたくなってしまうとき

あるあるひとこと
早く支度しなさい。
これならうれしい
ズボンはいて。(具体的に)

POINT

子どもは急かされるのが苦手。
何をすればいいか、具体的に伝えて。

事前に支度がしやすい環境を整え、わかりやすい指示を出そう

出かける時間が迫っているのに、なかなか準備をしてくれない。そんなとき、つい「早く支度しなさい」と言ってしまうかもしれません。**子どもは基本的に、時間に追われることが苦手**です。僕も、急かされるとすごく焦って、よく頭が真っ白になっていました。焦れば焦るほど、自分が何をすればよいのかわからなくなってしまうのです。

ですから、**「ズボンはいて」「下に降りてきて」のように、行動を具体的に示してあげる**ようにしましょう。急がせないで済むように、事前に「今日は○時までに家を出るよ」と伝えておくことができれば、なおいいです。

そうすると、時間を逆算して準備しようとする子もいます。それでも遅れがちな場合には、10分くらい余裕をもった時間を伝えておくのも、いいかもしれません。

もし、**いつも手間取るのであれば、部屋の環境を整えておく**ことをおすすめします。出かける準備をするにしても、部屋が散らかっていたのでは、どこに何があるかわからず、モノを探すだけで時間をとられてしまい、支度が進まない。それで焦って、余計にモタモタしてしまう。こんな悪循環に陥っているケースも少なくありません。**どこに何があるのかわかりやすい環境を作り、事前に時間を伝える。**そういった準備が大切です。

SCENE 33

つい怒鳴りたくなるとき

あるあるひとこと

うるさーい。

これならうれしい

10分たったら戻るね。散歩に行ってくるね。

（いったん距離をとる）

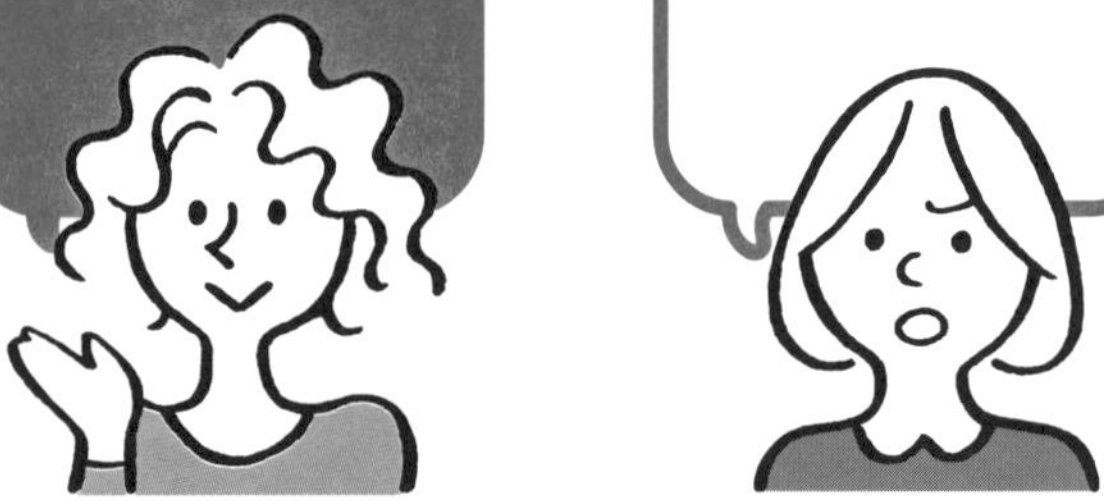

POINT

怒鳴りたくなったら、その場から離れていったん落ち着こう。

親御さん自身が疲れて、余裕がなくなっているのかも

子育てをしていると、どうしてもいっぱいいっぱいになってしまう瞬間があると思います。お子さんがカンシャクを起こしやすいタイプの場合、そうでないお子さんよりも、保護者の負担は大きくなります。**怒鳴りたくなることも、当然あるでしょう。そんなときは、「10分たったら戻るね」と言って、いったんその場を離れて**ください。

イライラをかき立てる現場にいたままで、冷静な対応をとることはできません。感情的に声を荒らげても、余計に事態が混乱するだけです。なので、怒鳴りたくなったら、その場から距離をとる。

とはいえ、お子さんがまだ幼い場合や外出先などでは、距離をとること自体が難しいですよね。そもそもの話になってしまうのですが、**相手が子どもだとわかっているのに怒鳴りたくなってしまうのは、きっと、あなたのコンディションがよくないから**なんだと思います。

睡眠がとれていない、ちゃんと食事がとれていない、体調がよくない。そういうコンディションのよくないときは、いつも以上にイライラしやすくなります。そこで子どもがワガママを言ったりしたら…。それは、声を荒らげたくもなりますよね。

怒鳴りそうになるのを精神力で抑え込むのではなく、どうか親御さんも休息をとってください。

SCENE 34

外出をイヤがるとき

あるあるひとこと

だったらお留守番してなさい。

これならうれしい

いまは出かけたくない気分なのね。

POINT

家族が出かけても自分は
家にいたいという考えを尊重して。

疲れているから出かける体力がないのかも

意外かもしれませんが、子どもの中には、外出が好きではない子もいます。そういう子は、ある程度大きくなってからは、留守番が多くなります。これは体力のない子に多いのですが、**普通に学校に通っているだけですごく疲れるため、「休みの日くらいはゆっくり休みたい」**、そう思っているのです。

なんだか仕事で疲れている大人みたいな言い方ですが、本当に、大人と同じ心境なのです。「休みの日くらいどこかに連れていってあげよう」「楽しませてあげよう」という気持ちから、お出かけを企画したのだと思います。なのに、「僕、行かない」なんて言われたら、「だったらお留守番してなさい」と強い口調で言いたくもなりますよね。

でも、本当に疲れているんです。僕もお留守番タイプだったので、よくわかります。ぜひ、**「いまは出かけたくない気分なのね」と、本人の気分を尊重して**ください。

一人でお留守番をさせて、他の家族はお出かけ。そんな状況に申し訳なさを感じたり、かわいそうだと思ったりするかもしれません。でも、本人は平気な場合が多いです。むしろ、「静かな家でゴロゴロできて、最高！」と思っていたりします。もしできたら、お土産やおやつを買って帰って、一緒に食べながら団らんの時間があるとなおうれしいものです。

SCENE 35 子どもが一人でいたがるとき

×
あるあるひとこと
こっちにおいでよ。
○
これならうれしい
ママ（パパ）たちはこっちで◯◯してるね。

POINT

家族の時間を強要するのは×。
家族がいる場所を伝えておけばOK。

疲れているときはそっとしておいてあげよう

家族団らんの時間を大切にしているご家庭も多いと思います。今日の出来事を語り合ったり、一緒にお茶を飲みながら映画を見たり。家族が団らんの時間なのに、一人だけその輪に入ってこない子がいる。そうなったら、もちろん気になりますよね。「こっちにおいでよ」と誘いたくなるでしょう。

しかし、このように誘われると断りにくいし、「断るのは申し訳ないけど、行きたくないなぁ」という葛藤が、新たなストレスになってしまいます。ですから、**お子さんが一人でいたい時は、「ママ（パパ）たちはこっちで○○してるね」とだけ伝えて**ください。気が向いたら、そちらに加わりますから。

静かな環境でリラックスすることで、その日の疲れを癒やしたい。そのような子には、できれば小学校高学年くらいまでには、一人の時間がとれるように個室を与えてあげてください。個室にこもりっきりになるお子さんも出てくると思いますが、一人の時間が必要な子もいます。ずっと部屋にいて**心配であれば、「リビングでお茶してるからね」と伝えて、「いつでも来ていいんだよ」という合図を送って**おきましょう。疲れがとれたら、リビングに顔を出してくれるでしょう。

SCENE 36

子どもに何かを頼むとき

×
あるあるひとこと
これやっといて。
○
これならうれしい
お願いします。

POINT

子どもは親の鏡。子どもを尊重することで、子どもも親を尊重する。

ありがとうには、ありがとうが返ってくる

よくお手伝いをする子と、そうでない子がいます。よく手伝ってくれる聞き分けのいい子は、断るのが苦手という消極的な気持ちと、親を思いやる優しい気持ち、誰かの役に立ちたいというボランティア精神、さまざまな気持ちから、頼まれたら引き受ける、空気を察して先に家のことをするという行動をとっています。

親御さんとしては、**いつも手伝ってくれることをありがたく思いながらも、毎日のことだから、だんだんそれを当たり前に感じてくるかもしれません。**

しかし、**「これやっといて」とぞんざいに頼んだり、やって当然と思ったりするのではなく、相手を尊重して、「お願いします」と丁寧に頼む**ようにしましょう。そして、手伝ってもらったら、**「ありがとう」と感謝の気持ちを伝えて**ください。

家族なんだから…と思うかもしれませんが、子どもにとって、自分が丁寧に扱われていると思えることは、とても大切です。その実感を得ることで、自己肯定感も上がります。

また、きょうだいがいる場合、つい、**おとなしく引き受けてくれる子にばかり手伝いを頼んでしまうかもしれませんが、あまり負担が偏らないように**してください。よく手伝ってくれる子も、頼られることを本当は負担に感じていることだってあるのです。

SCENE 37

「きょうだいがズルい」と言うとき

×

あるあるひとこと

○○ちゃんはしょうがないの。

○

これならうれしい

○○ちゃんは、お腹が痛くて学校を休むことがあるの。○×ちゃんは元気に学校も野球も行けて楽しいね。（それぞれの状況を把握させる）

POINT

「しょうがない」では子どもは納得できない。ちゃんと説明しよう。

「ズルい」は、自分が構ってもらえない思いの表れかも

ストレスをためやすく、すぐに疲れや不眠、頭痛、腹痛など、頻繁に体調を崩してしまう子がいます。そのような子は、学校も休みがち。それを見たきょうだいが「あの子だけズルい。自分だって休みたい」と言ってくることがあります。

そんなとき、「○○ちゃんはしょうがないの」とたしなめたくなるところです。**しかし、そう言われたって、納得できるはずがありません。「しょうがないの」で済ますのではなく、それぞれの状況を丁寧に説明しましょう。**

子どもというのは、相手が得している（ように見える）部分にしか目がいかないものです。自分が元気なおかげでどれだけ楽しい経験ができているのか、相手がどれだけ大変な思いをしているのか、教えてあげましょう。

きょうだいが「ズルい」と言い出すのは、「自分は愛されてないんじゃないか」と不安になっているからかもしれません。**「あなたのことも大事に思っているんだよ」ということを、言葉と態度でしっかり伝えましょう。**学校に行く前に、「いってらっしゃいのハグ」をすることも、おすすめです。毎日のことなので習慣化しやすく、愛情を体で感じることができます。登校前のハグが、一日を頑張るエネルギーになるでしょう。

SCENE 38

正論で攻撃してくるとき

×

あるあるひとこと

そういう言い方はやめなさい。

○

これならうれしい

どうしてそうなったのか、一緒に考えてみない？

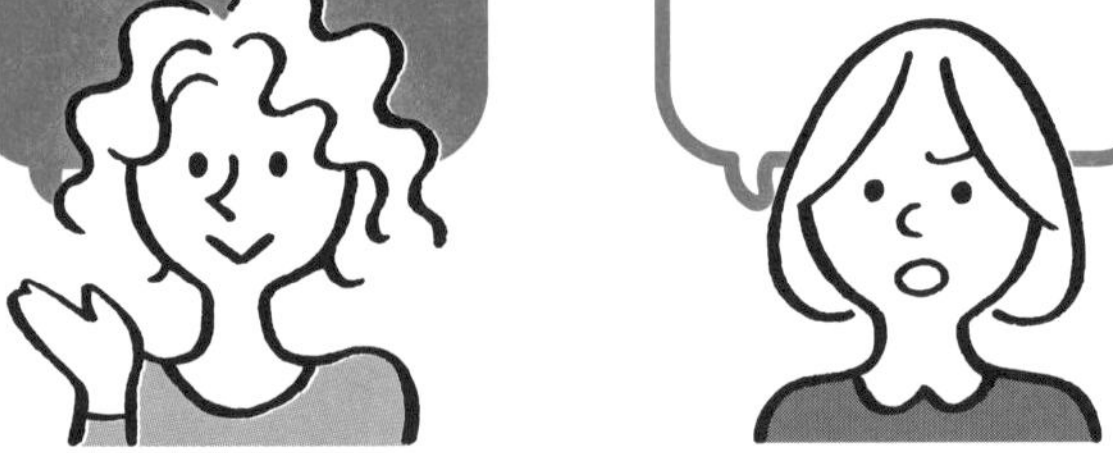

POINT

「やめなさい」ではなく、
一緒に考える機会を。

間違いを正すことより、相手への理解が大事であることを教えよう

正義感が強く、生真面目な子がいます。これは、優れた気質ではありますが、ときに、少々いきすぎてしまうことがあります。決まりやルールを破る子が絶対に許せない。掃除をサボる子、授業中にふざける子、陰口を言う子を見ると、「ダメだよ、そんなことしちゃ」と強く言ってしまう。

もちろん言っていることは正しいのですが、その言い方がきつすぎる。だから、相手にも言い返されて、ケンカになってしまうことも。きつい物言いに「そういう言い方はやめなさい」と注意したくなります。しかし、本人は「自分は絶対に正しい」と思っているので、なぜ自分が注意されるのか、納得いきません。

そんなときは、「**どうしてそうなったのか、一緒に考えてみない？**」**と声をかけてあげてください。きょうだいや友達が間違った行動をしたとき、なぜその行動に至ったのか、**ストーリーを一緒に紐解いていく。たとえば、弟がお兄ちゃんのおもちゃを横取りしたのなら、「一緒に遊んでほしかったんじゃないかな」というように。どうしてそんな意地悪をしたのか、相手の気持ちをくみ取る練習をしてみましょう。相手の気持ちがわかれば、相手を思いやれるようになるでしょう。

SCENE 39

暴言を吐くとき

✕ あるあるひとこと

いい加減にしなさい。

◯ これならうれしい

そういうときは、こう伝えればいいんだよ。

POINT

子どもはまだ言葉を覚えている途中。
適切な表現を教えてあげて。

意味もわからず、ただ真似をしているのかも

子どもが暴言を吐くとき、大きく3つのパターンがあります。

まず一つ目は、カンシャク。カンシャクを起こしたときの声かけについては、「カンシャクを起こしたとき」（56ページ）に書いてあります。

二つ目は言葉を知らないとき。自分の気持ちや考えを伝えるための適切な言葉が見つからなくて、上級生が使っていた乱暴な言い方、アニメやマンガに出てきたセリフなどを真似してしまうことがあります。その場合には、**「そういうときは、こう伝えればいいんだよ」**と教えてあげましょう。

「いい加減にしなさい」と怒鳴るのではなく、なんでそう言ったのか、お子さんの考えを聞いて、それを適切に表現するための語彙や表現を増やしてあげることが大切です。本人は悪気なく使っていることが多いので、怒るのではなく、優しく教えてあげれば伝わります。

三つ目は、反抗期です。子どもが大きくなると思いもよらない暴言をぶつけてくることがあります。でもこれは、別に言わせておけばいいんじゃないかと、僕は思っています。反抗期は一時的なものです。感情を抑えてストレスをため込んでしまうよりは、反抗して暴言を吐くくらいのほうが、むしろ安心です。

SCENE 40

暴力をふるうとき

あるあるひとこと

何してるの？
やめなさい。

これならうれしい

暴力で言うことは
聞かないよ。
ちゃんと言葉で伝えて。

POINT

伝えたい言葉が出てこなくて、
暴力をふるうのかも。

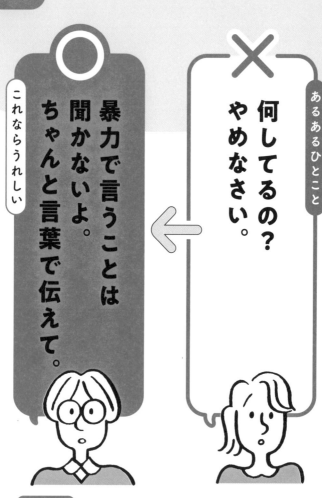

暴力をふるう子どもの要求をのまず、毅然とした対応を

暴力はいけません。ですから、お子さんが叩いたり蹴ったりすると「何してるの？　やめなさい」と強く叱ってしまうと思います。しかし、なぜお子さんは暴力をふるったのでしょうか。**子どもが暴力をふるうとき、それは、何かを伝えきれなかったとき**です。伝わらなかったもどかしさが、暴力という表現になってしまいます。

また、言うことを聞いてほしいのに聞いてもらえないときに、暴力という手段に出ることもあります。もちろん、これは、間違った気持ちの伝え方です。だから、正しい方向にみちびく必要があります。

「暴力で言うことは聞かないよ。ちゃんと言葉で伝えて」

と、きっぱり伝えましょう。

いちばんよくないのは、暴力をふるわれたとき、子どもの言うことを聞いてしまうことです。暴力によって要求が通るという経験をすると、次からも暴力で自分の思い通りに動かそうとしてしまいます。

暴力をふるわれたときは、感情的に怒るのではなく、毅然とした態度で子どもを正しいふるまいにみちびきましょう。

SCENE 41

悪いことをしたとき

✕

あるあるひとこと

なんてことしたのよ！

○

どうしてそんなことしたのか、理由を聞かせて。

これならうれしい

POINT

「悪いこと」をしたことを
感情的に責めないで。

自分の意思で悪いことをしたときは、理由があることがほとんど

いたずらをしたり、意地悪をしたり。子どもが何か悪いことをしたとき、頭ごなしに叱るのは、おすすめできません。**叱ったり怒ったりする前に、「どうしてそんなことしたのか、理由を聞かせて」と、理由や事情を聞いて**ください。

お子さんだって、**自分のしていることがよくないことだと気づいていると思います。だけど、そうしてしまった。そうせざるを得ない何かがあった**はずです。

もしかしたら、いつも相手に意地悪をされていて、我慢の限界を超えたから仕返しをしたのかもしれません。

もしかしたら、他の子が意地悪されているのをかばって、つい手が出てしまったのかもしれません。

もしかしたら、本当にちょっと意地悪な気持ちになって、友達が悲しむようなことを言ってしまったのかもしれません。

いずれにせよ、**感情的に追いつめるのではなく、まずは話を聞いてあげて**ください。落ち着いて話していくうちに、「他の言い方があったかもしれない」「自分のしたことはよくなかった。謝ろう」と、改善や反省の意識が芽生えることがあります。

SCENE 42

ゲームばかりしているとき

×

あるあるひとこと

いつまでゲームしてるの？やめなさい。

○

これならうれしい

先に寝るね。おやすみ。

POINT

ゲームをしている＝悪いこと、ではない。

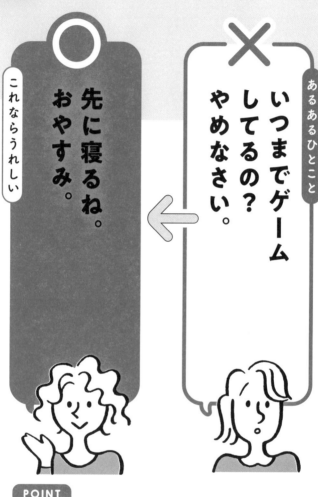

ゲームは悩み事を忘れるための手段ということも

子どもがゲームばかりしている。これは、多くの親御さんに共通する悩みなのではないでしょうか。僕自身がゲームばかりしていたから言うわけではないのですが、ゲームをしている子にも、それなりの事情があります。

ゲームをしている間は、他のことを考えなくてすむのです。

クラスの雰囲気がよくないこととか、将来に対する不安とか。考えてもどうしようもないのに、頭の中をグルグルとまわる不安や悩みから、一時的にでも解放してくれるのが、僕にとってのゲームでした。なので、**遅くまでゲームしていても「先に寝るね。おやすみ」と、そっとしておいてくれた**両親には、感謝しています。

また、**最近のゲームは、通信システムを使って友達とプレイするものも。公園で一緒に遊ぶのと同じ感覚で、ゲーム内で待ち合わせして遊んでいる場合があります。**「うちの子、友達いないのかしら」という心配が、的外れなこともあるので、どんな遊び方をしているのか、聞いてみてもよいかもしれません。もちろん特段の理由や事情がない場合もあります。

まずは、「ゲームはダメ」という態度ではなく、お子さんがどのようにゲームをしているのかをヒアリングするところから始めてみてください。

SCENE
43

一人で行動したがるとき

×

あるあるひとこと

一人で勝手な行動しないで。

○

これならうれしい

明日の午後、一緒にショッピングモール行かない？

POINT

子ども相手と思わず、
予定を共有することが大事。

「急に言われても」と思うのは、大人と同じ！

単独行動を好むタイプの子がいます。家族が外出や団らんに誘っても、「気が乗らないから」というだけで断ることも。**自分勝手なワガママに見えるかもしれませんが、ストレスをためやすくて疲れやすいので、「家にいられる間ぐらい、好きに過ごしたい」というのが本音**だったりします。家族は一緒に過ごすものだ、出かけるときは家族みんなで、団らんの時間を、という価値観の方もいるかもしれません。もちろん、これも家族の絆を育むひとつの考え方ではありますが、まずは一度、その価値観から離れてみてください。

一人の時間をもつことで、気力と体力を回復させる必要のある子が、家族のメンバーにいるのです。**一緒に行動したいなら、前もって「明日の午後、一緒にショッピングモール行かない？」と伝えておく**といいでしょう。事前にわかれば心構えができますし、いろいろと調整してくれるかもしれません。それでも当日になって「やっぱり行かない」となることもあります。その場合、誘った側としても「事前に伝えても無理なら、それだけしんどいんだろう。ゆっくり休ませてあげよう」という気持ちになれるでしょう。

家族と同じ行動がとれなくても気にしないこと、そして、家族で行動したいときは事前に伝えておくことを、心がけてください。

SCENE 44

朝、まったく起きられないとき

×

あるあるひとこと

8時に起きるって言ったよね？

○

これならうれしい

お散歩一緒に行かない？

POINT

学校に行かなくても、外に出たり体を動かしたりするのは大事。

朝起きられないのは、夜眠れていないから

朝、なかなか起きてこない。学校に行けないなら、せめて家での生活くらい規則正しく過ごしてほしいのに…。そんな焦りから、「8時に起きるって言ったよね？」と、お子さんを責めてはいませんか？　**朝起きられない子の中には、起立性調節障害という病気の子もいます。**僕もそうでした。

病院で検査できるので、朝なかなか起きられない、午前中は体調が悪い、立ち上がるときにめまいや立ちくらみがするといった症状があるなら、受診してみることをおすすめします。決定的な治療法があるわけではありませんが、改善のためのアドバイスはもらえますし、何より、相談できる先があるというのは安心材料になります。そうではない場合も、無理やり起こそうとしないでください。**起きられない原因は、当日ではなく、前日にある**からです。朝遅くまで寝ているのは、たいていの場合、前日の夜になかなか眠れなかったからです。

原因の一つに、運動不足が考えられます。家にいるだけだと、どうしても運動不足になりがちです。**「お散歩一緒に行かない？」と、誘ってみてください。散歩は、気分転換にもなるし、無理なくできるのでおすすめ**です。軽い運動は、適度に体も疲れて睡眠の質が上がります。朝起きるためには、夜ちゃんと眠ることが大切なのです。

必要なのは「帰る場所がある」安心感

子どもの長所と短所は、表裏一体となっています。

たとえば、優柔不断という短所は、慎重に物事を考えるという長所でもあります。

他人の感情に影響されやすいという短所は、共感力が高く人を思いやれるという長所でもあります。

せっかちという短所は、決断や対応が早いという長所でもあります。

子どもの特徴を、短所ではなく長所として活かしたい。そう思いますよね。そのためのポイントが「安心感」です。安心しているとき、子どもの特徴は長所として表れます。できるだけ安心できる環境を整えることが大切です。そのためにも、日頃からお子さんが安心できるような「ひとこと」をかけてあげてください。

子どもにとって、学校での集団生活は、なかなか大変です。一人で勝手な行動をとることが許されない場面も多く、騒がしい状況に苦しさを感じていても、その場から離れることができません。

学校から帰ってきたとき、疲れきっている子どもも少なくないことを知っておいてください。そして、**家がお子さんの安全地帯、避難場所となるようにし**てください。

学校でイヤな出来事があったとき、友達とトラブルになったとき、家族と相談できる関係であれば、それは強力な安全地帯です。

そのためには、普段の何気ない会話を大切にしてください。特に用件のない会話、オチのない話、「こんな話、意味ないなぁ」と思えるようなことでも話題にできる環境は、とても安心します。

普段の会話で安心感と信頼を感じているからこそ、困ったときにすぐ相談できるのです。

普段の会話もなしに、何か様子がおかしいと感じたときだけ、「どうしたの?」と聞き出そうとしても、お子さんだってなかなか話す気にはなれません。

何か問題が起こったとき、トラブルが大きくなる前に手を打てるのは、日頃から環境や親子間に安心感があるからこそです。

お子さんが安心して過ごせる環境を、ぜひ築いてください。そのために役立つ、学校での困ったに効く「ひとこと」を紹介していきます。

SCENE 45

先生を怖がっているとき

あるあるひとこと

先生の言うことを聞きなさい。

これならうれしい

それは大変だったね。どういうところが怖かったの？

POINT

先生の何が、どこが怖いと思ったのか、理由を聞いてみる。

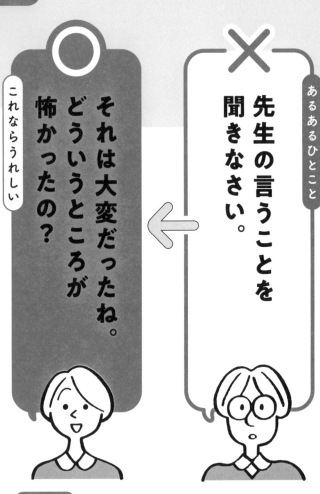

子どもの気質の問題か、先生に問題があるのか確認を

学校には、厳しい先生もいます。というのも、厳しい先生がビシッと引き締めないと収拾がつかないという場面もあるからです。また、学校の先生は、みんなに聞こえるように大きい声を出すことが多いので、余計に怖く聞こえてしまう部分もあります。

しかし、子どもにそんな事情は関係ありません。怖いものは怖いのです。親御さんとしては、先生の言うことを聞いて、毎日をスムーズに過ごしてほしいと思っていることでしょう。でも、先生を怖がっている状態では、先生の話など、ろくに入ってきません。先生がちょっと声を荒らげるだけで、体が硬直し、頭が真っ白になってしまいます。

もし、**お子さんが先生のことを怖がっていたら、「それは大変だったね」と気持ちに寄り添い、「どういうところが怖かったの？」と聞いてください**。もし、先生がパワハラ気味なのであれば、きちんと学校側に伝えて話し合う必要があります。そうではなく、お子さんの性格的に強い先生を怖がっているだけなのであれば、お子さんの話をよく聞いて、学校でのストレスを家庭で吐き出せるようにしてあげてください。

学校でのストレスを家で回復する。このリズムを上手く作り、学校生活をなんとかしのぎましょう。

SCENE 46

授業の時間が苦手なとき

×

あるあるひとこと

休んでいたら授業についていけなくなるよ。

○

これならうれしい

どの授業が苦手なの？

POINT

子どもの苦手意識が何にあるか確認してみて。

何が苦手、どういうところが苦手なのかで対応も変わってくる

授業が苦手という子どもも、少なくありません。僕自身も、そのタイプでした。一般的には、「授業がイヤ」というと、「退屈だ」とか「興味がない」という理由があげられると思います。しかし、**授業というシステム自体に、合わない子がいる**のです。じっとしていなければいけないとか、決められた行動をとらないといけない状況に、大きな不安を感じる子がいます。僕の場合は、閉めきった教室でじっとしていることが苦手で、また、頻尿もあったので、「漏らしたらどうしよう」という**不安と緊張で、授業中は軽いパニックのような状態**になっていました。本当につらかったです。

授業が苦手と聞くと、勉強に遅れが出ないかと心配になるかもしれません。しかし本人にとっては、授業中は勉強どころではない。どうか責めないであげてください。

まずは、**「どの授業が苦手なの？」と聞いてみましょう。僕みたいに教室で座って受ける授業が苦手な子もいれば、体育が苦手な子、理科の実験が苦手な子など、さまざま**です。全部つらいという子もいます。その子の気質が、どの状態を受け付けないのかによって変わってきます。**まずはどの授業の何が苦手なのか、話を聞く**ことです。話しているうちにスッキリして「まぁ、頑張るよ」となることもありますし、対策が見えてくることもあります。

SCENE 47

給食が食べられないとき

×

あるあるひとこと

給食費払ってるんだから、食べなさい。

○

これならうれしい

どれぐらいの量だったら食べられそう？

POINT

食べられないことを責めるのは×。
なぜ食べられないかが重要。

給食を家と同じように食べられないのには理由がある

食事というのは、実は非常に繊細な行為です。口にものを入れて、かんで、飲み込む。食べものには味も、香りも、歯ごたえもあり、五感が刺激されます。食べ慣れた家庭の味とは違うものを、時間制限のある中、家族以外のみんなと一緒に食べる。これが、苦手な子もいるのです。「給食を食べたくない」なんて言われたら、「給食費払ってるんだから、食べなさい」と返したくなる気持ちは、もちろんわかります。でも、**給食の苦手な子にとって、給食の時間は本当に苦痛です。ぜひ、「どれぐらいの量だったら食べられそう？」「給食のどういうところが苦手？」と、理解しようとする姿勢を見せてあげて**ください。

僕も給食が苦手で、大変な思いをしました。高校に入ってお弁当になったとき、ものすごく安心したのを覚えています。僕の場合は、みんなで食べることや、場の空気が苦手でした。一方、味覚が敏感で、味が苦手という子もいます。**会食が苦手なタイプと、味覚や嗅覚が敏感なタイプとがいる**ので、お子さんがどちらのタイプなのか、聞いてみるといいですね。

会食が苦手な場合、学校に相談すると、慣れるまでは別室で食べるという措置をとってくれることがあります。味が苦手な場合には、量を減らしたり、食べられるものだけ食べるように配慮してもらったり。相談してみる手はあると思います。

SCENE 48

発表や朗読が苦手なとき

×

あるあるひとこと

もっと積極的に授業に参加しないと。どうして手を挙げないの？

○

これならうれしい

ママ（パパ）も発表苦手だったなぁ。一緒に練習してみる？

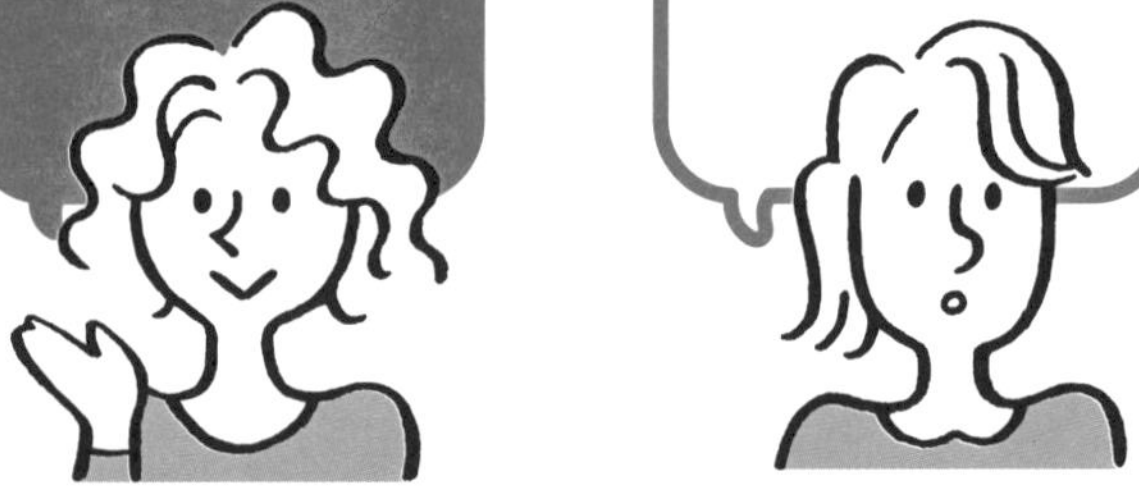

POINT

失敗や間違いを笑われるのではないかと不安になっているのかも。

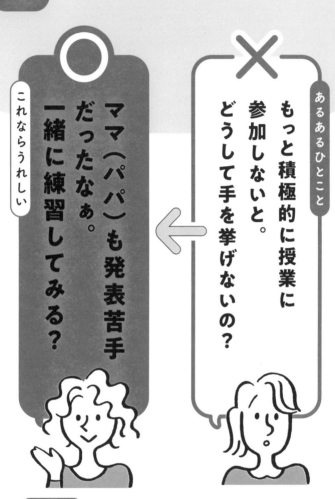

人から注目される中、一人だけ違うことをするという緊張感

人前で発表することが、ものすごく苦手な子がいます。もちろん、**人前での発表は、誰でも多少緊張するものです。しかし、その緊張度合いが極端な子がいる**のです。

国語の朗読や歌のテスト、発表など、みんなの注目を集めると、心臓がバクバクして、顔が熱くなり、手にはじっとりと汗をかいてしまいます。授業中、生徒たちが順番にあてられると、「あと3人」「あと2人」と、気が気ではありません。恐怖と緊張で血の気がひき、顔色まで悪くなってしまいます。

授業参観などに行くと、クラスメイトは手を挙げて積極的に自分の意見を発表しているのに、うちの子はまったく手を挙げない。そんな様子を見ると、もっと積極的になってほしいと思うかもしれません。しかし、「授業の時間が苦手なとき」(134ページ)のように、授業という仕組み自体が苦手な場合、授業の場にいるだけでも充分頑張っているのだということを、理解してあげてください。

朗読が苦手な場合には、練習に付き合ってあげるのもよいと思います。そんなときは親御さんも同じように朗読して、「発表って、緊張するよね」「ママ(パパ)も朗読苦手だったな」と**子どもの気持ちに共感するひとことを添えると、安心します。**

SCENE 49

苦手な友達がいるとき

✕ あるあるひとこと

お友達とは仲良くしなさい。

○ これならうれしい

なんで嫌いだと思ったの？

POINT

「みんな仲良く」がよいとは限らない。
嫌い・苦手な理由を聞こう。

信頼できる友達が1人、2人いればいい

子どもに友達がいるか。これは、親御さんにとっては大きな関心事だと思います。しかし、友達が少ないこと、苦手な子がいることは、別に悪いことではありません。**友達の少ない子には、人を見る目が優れている子が多い**傾向があります。内向的だからというより、慎重に友達を選んでいるのかもしれません。優しい人か、ズルや意地悪をしない人か、思いやりのある人か、見極めてから友達になるのです。公立の小学校・中学校は、たまたま同じ学区に住んでいる一定の年齢の子たちが集められます。どんな子が同じ学校になるのかは、完全に運です。そんな中で、共通の趣味のある子や話の合う子を見つけるのは、そう簡単ではありません。

学校ではとにかく「みんな仲良く」が推奨されます。しかし、全員と仲良くなるなんてできっこないことを、大人がいちばんわかっているはずです。**苦手な子と無理に仲良くさせようとするのではなく、本人がどんなタイプが苦手でどういうタイプなら仲良くなれそうかを知るために、「なんで嫌いだと思ったの？」と聞いてみて**ください。もし、学校で友達ができないようであれば、習い事や趣味の集まりなどで、共通項のある子と出会う機会を作ってあげましょう。気の合う友達が1人か2人いるだけで、毎日が楽しくなります。

SCENE 50

頻繁に不調を訴えるとき

✕

あるあるひとこと

え、また？

〇

これならうれしい

大丈夫？
体調がよくないときは、
またすぐ教えてね。

POINT

安心して休めるような言葉を
かけてあげよう。

子どもは、好きで体調を崩しているわけではない

これといった病気ではないのに、しょっちゅう体調を崩す子がいます。体調を崩しやすいだけでなく、体調の変化に敏感で、少し熱があるくらいでも、ものすごくだるくてつらい。このことを甘えだと思われることも多く、それがまたつらいのです。学校でも「お腹が痛い」「気持ちが悪い」と言って、保健室に行くこともしばしば。

しょっちゅう不調を訴えられたら、「え、また？」と感じると思います。でも、それを口に出さないでください。本人だって、好きで体調を崩しているわけではないのですから。

「大丈夫？」と優しい声をかけてあげましょう。さらに**「体調がよくないときは、またすぐ教えてね」**というひとことを添えてもらえると、子どもとしては「言ってもいいんだ」と思って、すごく安心します。

しょっちゅう体調が悪くなる子は、そんな自分のことを、自分でも持て余しています。そして、「仮病だと思われているんじゃないか」という不安と闘っています。ただでさえ体調がよくないのに、そんな不安から余計なストレスを抱え込んでしまうのです。そして、そのストレスでさらに体調が悪くなる。そんなマイナスのループに陥ってしまうことも。子どもが体調がよくないと言うときは、安心して休めるような言葉をかけてあげてくださいね。

SCENE 51

「学校に行きたくない」と言うとき

✕ あるあるひとこと

そんなこと言ってないで、学校に行きなさい。

〇 これならうれしい

そうなのね。伝えてくれて、ありがとう。

POINT

行きたくない、行けないという
気持ちを受け入れて。

伝えるには勇気が要ることを、話してくれたことに感謝しよう

子どもに「学校に行きたくない」と言われたら、困りますよね。とはいえ、話も聞かず、一方的に学校へ行かせるのはやめてください。「学校に行きたくない」というひとことは、なかなか言えることではありません。とても勇気の要ることです。**これまでずっと言えずにいたのかもしれません。我慢して我慢して学校に行き続け、とうとう限界がきた。我慢の果ての「行きたくない」であることを、どうか理解して**あげてください。

「学校に行きたくない」と言われたら、**まずは「そうなのね」と受け入れてください。そして、できれば、「伝えてくれて、ありがとう」というひとこともかけてあげて**ください。

それだけ伝えたら、その日は休ませましょう。聞きたいことは、たくさんあると思います。でも、それを聞くのは顔色がよくなったとか、笑顔になったとか、少し元気が出てきたように感じてからです。**「学校でイヤなことでもあったの？」と軽く状況を聞いて**みるとよいでしょう。

サボりたくて「学校に行きたくない」と言う子も、中にはいるでしょう。しかし、もしサボりであったとしたら、罪悪感からすぐまた学校に行くようになることがほとんどです。学校に行くのが本当につらくて行けなくなる子のほうがずっと多いため、まずは休ませて心身の回復を優先させてください。事情はあとからゆっくり聞きましょう。

SCENE 52

学校を休んだのに、遊んでいるとき

×

あるあるひとこと

遊ぶ元気があるなら、学校行きなさい。

○

これならうれしい

（そっと見守る）

POINT

何か言いたい気持ちはこらえて、
ただ見守りましょう。

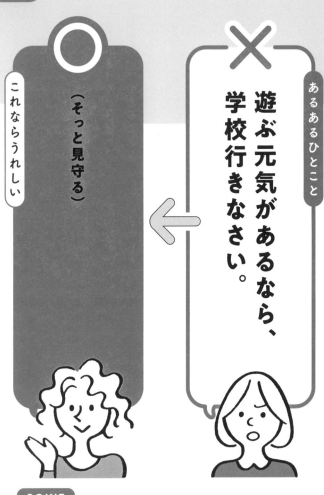

身体ではなく、心の休息が必要なときもある

学校を休んだのに、家でずっと遊んでいる。「遊ぶ元気があるなら、学校行きなさい」と言いたいところではありますが、そこはグッと我慢してください。ここで、特別な声かけは要りません。いつものように、普通に接することが大切です。

病気ではない場合、不調の多くが心の問題からきています。ですから、学校を休めただけでも心が軽くなり、体調が改善することだって充分考えられます。

学校を休んだのにゲームをしたりマンガを読んでいたりすると、嘘をついて学校をサボったんじゃないかと感じるかもしれませんが、そうではありません。不用意な言葉をかけることで、「仮病を使ったと思われた」「嘘つきだと思われた」と、余計なストレスを与えてしまいかねません。**何か言いたい気持ちをグッとこらえて、ただただ見守りましょう。**

普段の休日と同じような接し方を心がけてください。感受性の豊かなタイプの子は、常に心が疲れています。友達関係や先生の怒る声、特にトラブルがなくても、子どもたちが楽しくキャーキャーはしゃいでいる声がストレスになることだってあります。疲れがたまったときは、少し休息が必要です。

「今、心の疲れを回復させている時間なのね」と思って、そっと見守ってください。

SCENE 53

学校に行けない日が続いたとき

✕ あるあるひとこと

明日は学校、行きなさい。

〇 これならうれしい

夕飯のリクエストある？買い物行ってくるけど、何か買ってこようか？

POINT

子どもを家で孤立させない。
他愛のない普段の会話が大切。

家にいてくれて、普通の会話ができるだけで◎

最初はたまに学校を休む程度だったのに、少しずつ学校に行けない日が増えていき、連日休むようになってしまった。そんなとき、当然、焦ると思います。「明日は学校、行きなさい」と促したくなるでしょう。

ここで**最も注意しなければならないのは、会話が減ってしまうこと。学校に行けなくなった子が家でも孤立してしまったら、もう逃げ場がありません。**

しかし、「学校へ行きなさい」と負担になる言葉をかけられ続けたら、会話は減ってしまいます。「また言われるとイヤだから、話しかけないでおこう」と思ったり、部屋から出ないようになったり、家にいるとつらいから家に帰ってこなくなったり。そうならないように、いつも通りの会話を心がけてください。

特別な言葉は要りません。他愛もない会話が大切です。どのような状況になっても、いつもと同じように接してもらえる。お子さんにとって、これほど愛情を感じ、安心できることはありません。

「今日は何食べたい？」でもいいですし、テレビ番組の話でも構いません。学校に行けなくなる前と同じような話を、同じようなテンションで話すようにしてください。

SCENE 54

不登校になったとき

✕ あるあるひとこと

そんなことで、将来どうするの？

○ これならうれしい

フリースクールがあるけど、見学行ってみる？

POINT

親の不安な気持ちをぶつけても、
不安が倍増するだけ。

環境を変えることで、状況が改善することもある

学校に行かないことが日常になったら。つまり不登校になったら、どうすればよいでしょうか。**不登校になったばかりの頃は、おそらく親御さんもかなり動揺されていると思います。先行きの見えない不安。この先どうなっちゃうんだろう…**と。しかし、「そんなことで、将来どうするの？」と、不安をそのままお子さんにぶつけてはいけません。お子さんだって、同じく不安なのですから。

学校を休みはじめたばかりの頃は、学校から離れて、ゆっくり休むことが大切でした。休む日が続いて不登校になった頃には、休むことが当たり前になり、少しずつ心の緊張もとけてきているのではないでしょうか。

お子さんの顔色が明るくなったり、「学校行かなきゃダメだよね」と言い出したら、そろそろ、違う居場所を探してもよい頃かもしれません。**「フリースクールがあるけど、見学行ってみる？」**のように、フリースクールや適応指導教室など不登校の子どもの受け皿となっている場所があること、前の環境に必ずしも戻る必要はないことを伝えましょう。Ｗｅｂサイトを見てみたり、資料を取り寄せたりして、特徴やメリット・デメリットなどを一緒に調べてみるのもいいですね。本人が興味を示すようであれば、見学や体験に誘ってみてください。

SCENE 55

不登校が長期化したとき

×

あるあるひとこと

卒業できなくなっちゃうよ。

○

これならうれしい

通信制の学校があるけど、資料見てみない？

POINT

通学しなくても、高卒資格や大学の受験資格をとる方法はある。

いまの学校や環境が苦手なら、無理に戻る必要はない

不登校が長期化すると、お子さんの将来に対する親御さんの不安もどんどん大きくなってくると思います。しかし、「学校行かないと、卒業できなくなっちゃうよ」などという脅すような言葉で不安を煽ってはいけません。

小・中学生の場合、フリースクールや適応指導教室の中には、そこに出席すれば、不登校でも出席扱いにしてもらえるところもあります。また、自宅でのオンライン学習でも出席扱いにしてもらえる学習サービスもあります。

高校生の場合、不登校が続くと卒業できなくなることがありますが、義務教育では不登校でも卒業できないということはありません。**1年以上不登校が続いているときは、もうお子さんは元の学校に戻りたくないと思っているかもしれません。**その可能性を視野に入れ、新しい選択肢を探してみてください。また、定時制高校や通信制高校という選択肢もあるでしょう。資料請求をしたり、文化祭などの学校行事に行ってみたりするのもおすすめです。もし、お子さん自身が興味を示した学校があれば、ぜひ、学校説明会に行ってみてください。

定時制高校や通信制高校の見学は、中学生にもおすすめです。そのまま中学には登校できなかったとしても、進学できそうな学校があるだけでずいぶん気持ちが楽になるはずです。

SCENE 56

不登校でも勉強したいとき

×

あるあるひとこと

あんた、受験はどうすんの？

○

これならうれしい

家で勉強できる〇〇っていうサービスがあるけど、受けてみない？

POINT

問題を突き付けても解決しない。
いまできることを提案しよう。

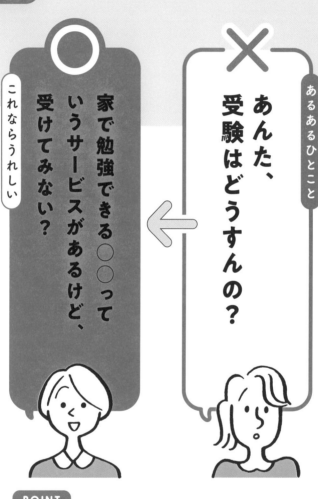

勉強の遅れを、いちばん気にしているのは子ども本人

不登校になると、気になるのは勉強のこと。**高校受験や大学受験はどうするのか。そもそも進学の意思はあるのか。親の心配はつきません。しかし、「受験はどうするのよ？」とお子さんに問題を丸投げしないようにしてください。**いちばん困っているのは、お子さんです。

不登校でも、自宅学習することで出席扱いと認定してもらえる制度があります。真面目に取り組むことで、学習の遅れも取り戻せます。この制度ができたのは令和元年ですが、対応しているサービスは年々増えていますので、ぜひ調べてみてください。

Ｗｅｂサイトを見たり、体験レッスンを受けてみたりして、お子さんに合った学習サービスが見つかるといいですね。**それぞれ特徴がありますので、「こういうのがあったよ」と教えてあげるなどして、お子さんが楽しんで取り組めそうなものを選んで**ください。

僕が不登校だったときには、このような制度はまだなくて、僕は個人指導の塾に通っていました。他人を気にせず、自由に自分のペースで学習できるスタイルが僕には合っていて、塾では問題なく勉強できました。お子さんのタイプによって、合う勉強の仕方も違ってきます。無理なく続けられる学習方法を探しましょう。**不登校だからといって、進学を諦める必要はない**のです。

SCENE 57

不登校を責めたくなるとき

あるあるひとこと

いつになったら学校に行くの？

これならうれしい

この人も学校には行っていなかったんだって。

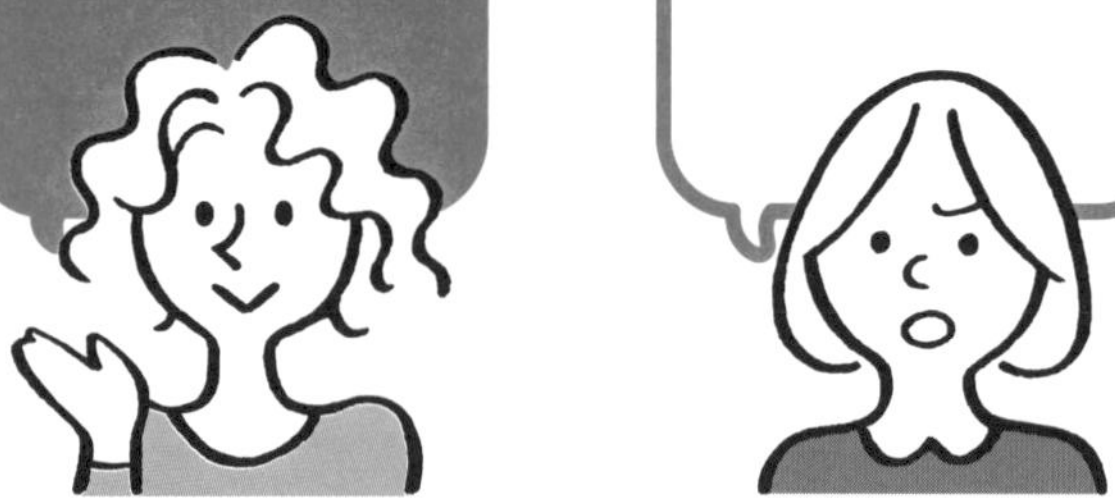

POINT

不登校を経験している
成功者の話などを示す。

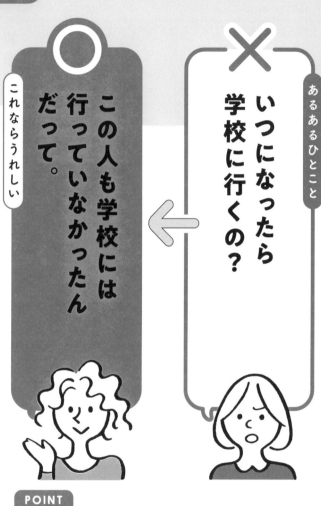

不登校だからといって、人生を悲観する必要はない

不登校は、ご家族にとって大きな不安材料だと思います。不登校の子どもたちが増えてきたとはいえ、それでもまだまだ少数派。受け皿となる機関も少なく、情報もあまりありません。

みんな学校に行っているのに、どうしてうちの子は行けないんだろう。「いつになったら学校に行くの？」とお子さんに詰め寄りたくなるかもしれません。

しかし、**不登校であることを責めないでほしいのです。本人だって、学校になじめない自分のことを、もどかしく感じています。責められたところで、学校がつらいという状況は変わりません。**

少し見方を変えてみてください。**学校に行かないままだと、本当に困ったことになるのでしょうか？**　実は、世間では多くの元不登校児が活躍しています。過去に不登校だった人について、調べてみてください。どのような人がどのような分野で活躍しているのか。どんな進路があるのか。「このままではニートになるのでは…」とつらい想像ばかりしてしまうかもしれませんが、学校に行っていなくても社会人として自立した生活を送っている人は大勢いるのです。そんな情報を、**「この人もね…」とぜひお子さんにも教えてあげて**ください。きっと励みになるはずです。

SCENE 58

学校に行かない子に話しかけるとき

✕ あるあるひとこと

学校に行かないなら、家の手伝いくらいしなさい。

○ これならうれしい

今日は体調どう？

POINT

交換条件のような言葉は、
子どもの心を傷つけるだけ。

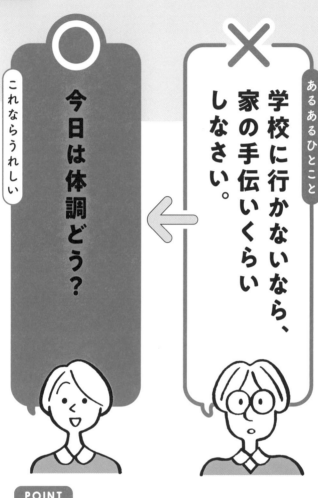

調子が悪いときに追い込むような声かけは絶対にNG

「学校に行かないなら、家の手伝いくらいしなさい」「学校に行かないなら働きなさい」というのは、不登校のお子さんを抱える多くのご家庭で言われている言葉です。学校に行かないなら働きなさい」と言えば、「働かないといけないくらいなら学校に行こう」と思い直してくれるのではないか…と考える親御さんもいるからです。

しかし、これはあまり口に出さないほうがいい言葉だと、僕は思っています。**「学校に行かないならこれをしなさい」という交換条件を出されると、「学校に行っていない自分は認めてもらえないんだ」「価値がないんだ」という感覚になってしまう**からです。

学校に行けない状況にあるお子さんに、何か話しかけたいとき、何かやってほしいことがあるときは、**「今日は体調どう？」と、ひとこと声をかけてみて**ください。お子さんにしてみれば、親が自分のことを気にかけてくれているとわかって安心します。そして、自分の体の調子をみて、「あんまりよくないなぁ」と感じたら、その日はゆっくり休養をとるでしょう。「割といいかも」と感じたら、「そうか、自分は元気なんだ」と気づき、勉強をしたり、部屋の掃除をしたり、家の手伝いをしたりするかもしれません。**親にできることは、自分で気づけるように促すこと**だけです。交換条件のような言葉は言わないようにしてください。

繊細っ子
コラム
2

繊細っ子は長い目で見れば、心配ない子

繊細っ子の子育ては、大変だと思います。**そもそも子育て自体が大変なところに、繊細っ子という少々特殊な気質が加わるのですから、親御さんの負担は相当なもの**だと思います。

しかし、その大変さがいつまでも続くのかというと、そうでもありません。お子さんの繊細さの傾向を理解し、適切な対策をとることで、少しずつ社会と折り合いをつけることができるようになっていきます。

大切なのは、お子さんの特性をきちんと把握すること。一口に「繊細」と言っても、その内容も程度も、一人ひとり違います。

何がどのくらい苦手なのか、何がどのくらい嫌いなのか、何がどのくらい不得意なのか、一つひとつを理解することで、対策も進むべき道も見えてくるはずです。

繊細っ子の繊細さは、先天的なものです。環境によって短所よりも長所のほうを表れやすくすることはできますが、繊細さそのものをなくすことはできません。その特性とは一生の付き合いになることを前提に考えてください。

「繊細さを克服するんだ！　頑張れ！」という考えは、お子さんを余計に苦しめてしまいます。そうではなく、繊細さを理解し、上手に活かす方向で考えていきましょう。

他の子と違い、キャーキャーはしゃいだりせず、静かに遊んでいるお子さんを見て、不安になっているかもしれません。でも、不安を感じる原因のほとんどが「知らないから」です。繊細っ子について知ることで、多くの不安が解消されます。

最近では、繊細な人、繊細な子どもに関する本が多く出版されています。また、繊細な人当事者やご家族の方がSNSやブログで情報を発信したりもしています。そのような情報に触れ、繊細っ子について知ることで、不安が少しずつ薄れていくことと思います。

僕のおすすめは、子育てカウンセラーで精神科医の明橋大二先生の本です。マンガ付きで解説されているものやQ&A集など、いろいろあるので、読みやすいものを読んでみてください。

繊細っ子について知ること、本人の苦手と得意を知ることが、これからの長い人生を少しずつ生きやすくするためのヒントになります。

繊細っ子
コラム
3

繊細さは「治る」？

繊細っ子を育てていると、「この状態がいつまで続くんだろう」と途方に暮れることもあると思います。**繊細さは病気ではないので、「治る」ということはありません。ただ、成長するにつれて、「慣れる」ことはあります。**また、周囲と上手に折り合いがつけられるようにもなります。

早く慣れるためには、早く気づくことです。何が好きで何が嫌いなのか、何が得意で何が苦手なのか、どんな刺激に強く反応するのか。対策を考えましょう。

お子さんがまだ小さい頃は、何がイヤなのか、何が嫌いなのかを自分から言葉で伝えることが難しいと思います。そのため、「繊細っ子（HSC）チェックリスト」（42ページ）や繊細っ子の体験談などを見て、「うちの子もこれが苦手だな」と、ある程度把握しておくことが大切です。

お子さんがいろいろ話せるようになってきたら、たくさん会話をするようにしてください。他愛のない会話の中で、さりげなくお子さんの苦手なことを聞き出していきましょう。

最初は大変でも、だんだん落ち着いてきたり、慣れてきたりする子がほとんどです。

第4章

子どもの進路に迷ったときのひとこと

うちの子の将来、大丈夫？

子育てに悩んでいる親御さんから、「将来、大丈夫かな？　と漠然とした不安に襲われるんです」というご相談を受けることがあります。日々の生活でもつまずくことが多いのに、将来のことなんて、とても思い描けないでしょう。でも、それは仕方のないことです。まずは、**親子ともに、心と体を充分健康な状態に戻す。それが先決です。心身ともに元気になったら、お子さんを信頼することから**始めてください。

人見知りの激しい子は、なかなか知らない場所に行きたがらないし、知らない人にも会いたがりません。それでも**成長するにつれ、「このくらいなら大丈夫」という自分にとっての安全圏が広がっていきます。**こうして行動の幅が広がってきたら、「**自分の思うようにやってごらん**」と背中を押すひとことをかけてあげてください。お子さんの独立心が育ちます。

自分の気持ちや意見を表現することが苦手な子は、学校では目立たない存在でいるかもしれません。しかし、**大人になると、内に秘めた感性や芸術性、あるいは本質を見抜く目**

を発揮する場がたびたび訪れます。

おとなしくて元気がないように見える子は、**内的世界が充実していることが多く、人々の心を動かす**ような物語や小説、脚本といったストーリーの創作、観察眼が優れているからこその視点が発揮されたエッセイなどの文章を書いたりする人もいます。また、気が弱いように思えて心配だった子は、**優しい心をもっていることが多く、看護師や介護士、セラピスト、カウンセラー、トリマーなど、人や動物のケアに携わる**人も多いです。

僕は、とても気弱で引っ込み思案なタイプですが、昔は介護福祉士や理学療法士になりたいと思っていました。今は実際にカウンセラーとして活動しています。日々、皆さんの子育てをサポートしていることを、本当にうれしく思っています。

子どもが成長するのは、親御さんが思うより、ずっと早いものです。ですからどうか、いまこの時期を大切にしてください。ご自身とお子さんそれぞれを大切にし、一緒の時間を楽しんでください。

お子さんは、必ず大人になります。親御さんにとっては少しさみしいかもしれませんが、巣立ちの日はいつか訪れるのです。**お子さんは、家族で一緒に過ごした時間、支えてもらったことを忘れることはありません。**そのことを、どうか覚えておいてください。

SCENE 59

将来仕事に就けるのか心配なとき

×

あるあるひとこと

あなたの将来が心配だわ。

○

これならうれしい

どんな絵を描いてるの？

（その子が興味をもっているものについて質問する）

POINT

「将来が心配」と言われると、ダメな人間だと言われているように感じる。

子どもの将来は、なるようになる

お子さんが内気だと、「社会の荒波に揉まれて、この子は生きていけるのだろうか…」と、将来が心配になるかもしれません。だからといって、「あなたの将来が心配」などとは、決して言わないでくださいね。内気でも、将来就ける職業はたくさんあります。

ただ、内気な人には、向いていないことや苦手なことでも我慢してやり通す、という働き方は適していません。大きなストレスを抱えてしまいます。なので、**子どものうちから、「どんな絵を描いてるの？」「何を作っているの？」「どんなゲームが楽しい？」と、興味をもって取り組んでいることについて、聞いて**ください。**適性や向き・不向きの傾向が見えてくる**ことがあります。

内気な子は気持ちが内側に向いているため、内的世界が充実しています。美術や音楽など、芸術に秀でている人も多いです。人の気持ちがよくわかるので看護や介護、福祉の仕事にも向いている人が多いです。また、動物に癒やしを感じたり、動物と心が通じ合ったりする人もいます。そのタイプであれば動物関係の仕事も向いていると思います。**僕自身、人の気持ちに共感できる特徴を活かして、カウンセラーの仕事をしています**。適材適所で、合った仕事はどこかにあります。お子さんの特性をよく知り、理解するところから始めてみてください。

SCENE 60

やりたいことが特にないとき

✕ あるあるひとこと

進路のことは考えてるの？

○ これならうれしい

どんな進路があるか、一緒に調べてみない？

POINT

漠然と聞くのではなく、子どもがどうしたいのかを一緒に考えよう。

将来のことを考えるのは、大学からでも間に合う

進路については、本当に悩ましいですよね。動物関連の仕事に就きたいとか、音楽関連の仕事をしたいとか、本人に希望する道があれば、その情報収集をして、応援してあげればいいですが、やりたいことがない場合は困ってしまいます。

僕自身、やりたいことが特になくて、なんとなく大学に入りました。もし、学力とか学費の支払いに問題がないのであれば、**とりあえず大学に入って、勉強しながら将来のことについて考えてみるのもいい**と思います。あまり建設的ではありませんが、そういう逃げ道もあるということです。ただ、受験のプレッシャーもありますし、全員におすすめかというと、そうとも言いきれません。

ひとつ言えるのは、**大学でもバイトでもいいので、家以外にも居場所を作ること**です。そこで誰かと関わっていく中で、何かしら興味が出てくることもあります。アドバイスをくれたり、助けてくれる人がいるかもしれません。「人脈」とよく言われますが、人と関わることで道がひらけていくのは、よくあることです。お子さんが**進路に迷っていたら、結論を急ぐより、どんな進路があるのか調べてみましょう**。調べてみたら「え、こんな道もあるの？」といったものが見つかるかもしれません。情報を集めてみるのが、解決への第一歩です。

SCENE 61

外の世界を知ってほしいとき

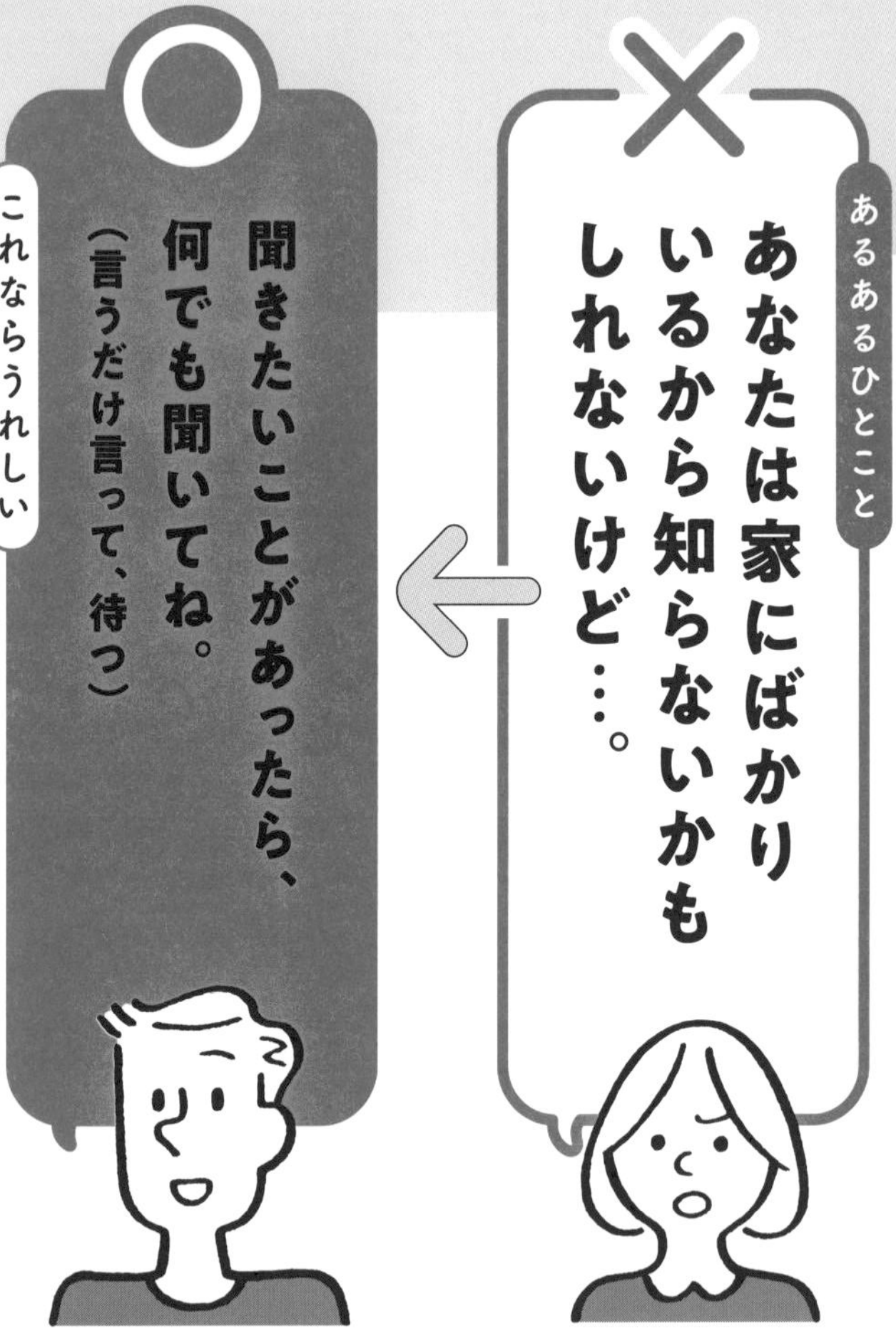
×
あるあるひとこと
あなたは家にばかりいるから知らないかもしれないけど…。
○
これならうれしい
聞きたいことがあったら、何でも聞いてね。
(言うだけ言って、待つ)

POINT

社会について話すときに、子どもを否定する言葉は必要ない。

普段から会話をする習慣を大切に

家にこもりがちな子もいます。心身ともに疲れやすいタイプの子です。できればずっと休んでいたい、ゆっくりしたい。お子さんが家にばかりいると、世間のことを何も知らないんじゃないか、外の世界で揉まれなくて大丈夫なのか、と心配になるかもしれません。そして、「あなたは家にばかりいるから知らないかもしれないけど…」と、世間のことや社会のことについて、いろいろ教えてあげたくなるでしょう。しかし、知識の押し付けはよくありません。

「聞きたいことがあったら、何でも聞いてね」とだけ伝えて、お子さんがいろいろなことに興味をもつまで、待ってほしいのです。

「バイトってどんな感じなんだろう？」「会社で働いてて、つらくはないのかな」「大人って、何が楽しみで生きてるんだろう？」いろいろな疑問が出てきたとき、「そう言えば『何でも聞いて』って言ってたな」と、話を聞きに来るかもしれません。

そのときはご自身の体験談として話をしてあげてください。「学生時代、お総菜屋さんでバイトしていたんだけどね…」「新入社員のときに、こんな先輩がいて…」と、実体験を語ってもらえると、素直に興味深く聞くことができます。ただ、これも普段から会話をしているからこそ、親の話を聞く気になるのです。

SCENE 62 子どもが無謀な夢を語り出したとき

あるあるひとこと

✕ **そんなの、無理に決まってるじゃない。**

これならうれしい

○ **そうなの？詳しく聞かせて。**

POINT

しっかり対話をして、
前向きな気持ちを応援。

子どもが将来のことを考えられるようになったことを喜ぼう

子どもがやっと将来の希望を口にしたと思ったら、「ミュージシャンになりたい」とか「起業したい」などと言い出した。そんなときは、**「そうなの？　詳しく聞かせて」**と、とにかく本人の話を聞きましょう。

安定した職に就いてほしい、と多くの親御さんは望みます。しかし、今の時代、安定した職なんて、ほとんどありません。**ご自身の思い込みや願望は一度しまって、お子さんの声に耳を傾けてください**。詳しく聞いてみたら、自分がステージに立ちたいのではなく、スタジオで働きたいのかもしれないし、楽器を弾けるなら音楽教室の先生もいいと思っているかもしれません。あるいはもしかしたら、詐欺話をもちかけられているのかもしれません。

いずれにせよ、しっかり対話をしてみないことには、本人が本当は何を希望しているのかは、わかりません。**お子さんが将来のことを考えるようになった。そのことは、少なくとも一歩前進です**。せっかくの前向きな気持ちを削ぐことのないよう、じっくり話を聞いてあげましょう。本人がどうしてもやりたいなら、リスクを覚悟の上でチャレンジしてみればよいと思います。失敗を経験するのも決して悪いことではありませんし、チャレンジしなければ成功することもないのですから。

SCENE 63

自立を応援したいとき

×

あるあるひとこと

学校に行かないなら、働きなさい。

○

これならうれしい

◯◯のボランティア、一緒に行かない？

POINT

家以外にも、子どもの居場所になるコミュニティがあるのが大事。

自立とは一人で生きていくこと、ではない

不登校が長期化している。進路がなかなか決まらない。このままニートになるのではないか。それなら、いっそのこと働いてくれないか。そんな思いから、「学校に行かないなら、働きなさい」と言いたくなるかもしれません。これは、親御さんの不安をぶつけただけで、お子さんにとって何の解決にもなりません。

登校や進学をしないなら自立してほしい。そう願うのは自然なことです。しかし、**そもそも「自立」というのは、決して自分一人で生きていくことを指しているのではありません。頼る先がたくさんあること、複数の居場所があることが、自立には欠かせない**のです。人とのつながりなしに自立はできません。

お子さんが閉じこもりがちなのであれば、まず、家でたくさん会話をしてください。会話の内容は何でも構いません。**「庭のアサガオが咲いたよ」でも「駅前にシュークリーム専門店ができたよ」でもいいですし、体調のよさそうな日が続いているなら、「今度、○○のボランティア、一緒に行かない？」と、外での活動に誘ってみるのも**おすすめです。

サークル活動やボランティアなどのコミュニティに参加することで、家以外の居場所、家族以外の人との関わりをもって、頼れる先、居場所を作ることが、自立につながります。

SCENE 64

いつまでも親元を離れないとき

あるあるひとこと

いつまで家にいる気？

これならうれしい

自分の思うようにやってごらん。

POINT

本人の意志を尊重しつつ、
外に目が向くよう促す。

家が安心できる場所なのは歓迎すべきこと

大人になっても、お子さんがなかなか家を出ない。そういうとき、**「いつまで家にいる気？」と追い出すようなことを言うと、お子さんは非常に居心地が悪くなってしまいます。**

そもそも、子どもが親元にい続けることが、よくないことなのか。そこから考え直してみてください。お子さんが**親元を離れないとき、それはもちろん経済的な理由もあると思います。ただやはり、居心地がいいから家を出ないのです。家が、安全地帯として機能しているというのは、むしろ喜ぶべきこと**のように思います。

家にいるなら地域の一員ですから、町内会の清掃活動のお手伝いをするとか、地元のバーベキュー大会やお祭りに参加するとか、活動の場を広げることです。地域に溶け込めているなら、親元にいてもいいじゃないですか。

もう少し独立心をもってほしいのであれば、**「自分の思うようにやってごらん」と本人の意思を尊重しつつ、外に目が向くように促してみる**といいでしょう。

もし、家族以外との関わりが楽しくなり、「もっと活動の場を広げたい」と思ったら、自分から出ていくかもしれません。親にできることは、きっかけを与えること。その後は、本人の問題ですから、見守るしかないと思います。

SCENE 65

子どもに愛情を伝えるとき

×

あるあるひとこと

あなたはママの（パパの）生きがいだよ。

○

これならうれしい

あなたのことを、いつも応援しているからね。

POINT

支えてあげる言葉こそ、
子どもに愛情が伝わる。

生きがいという言葉は、子どもを束縛する

子どもが私の生きがい。そういう方もいらっしゃると思います。

特に手のかかるタイプのお子さんだった場合、常に注意を払って接してきたでしょうから、子育てが生活のすべてになってしまう親御さんも、少なくありません。

「あなたはママの（パパの）生きがいだよ」というのは、優しい言葉に聞こえますが、お子さんを束縛してしまう危険があります。そうではなく、**「あなたのことを、いつも応援しているからね」**と、応援する側にまわってください。

もし、これまですべての時間を子育てに捧げてきたという場合には、いまからでもいいので、親御さんも趣味や大人同士の付き合いを楽しんでください。**お子さんに関わる以外の自分の時間をもつように、自分の楽しみをもつようにして**ください。子離れの準備を始めましょう。仕事に打ち込むのもいいと思います。

「今月は仕事が忙しいから、頑張るよ」「週末、友達とキャンプに行ってくるね」

親が仕事や趣味でイキイキとしていたら、お子さんもその姿を見て「大人って楽しそうだな」「外に出るって面白いことなんだな」と将来や社会についての心配が少し減って気楽になるはずです。

SCENE 66 「私のせいで」と思ったとき

あるあるひとこと

✕ 私のせいで、あなたがこんなになっちゃったのね。

これならうれしい

〇 大丈夫！あなたならできる。

POINT

子育てに後悔するときがあっても、
「大丈夫」と信じて。

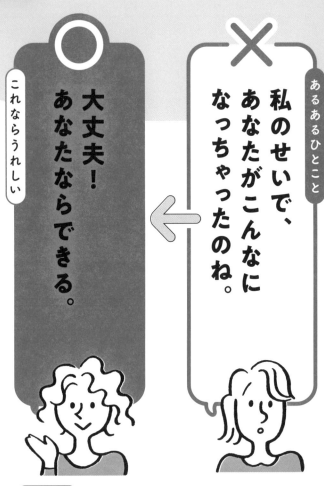

子どもの生きづらさに罪悪感をもたなくていい

お子さんが生きづらい思いをしているのは、決してあなたのせいではありません。

僕が学校に行けなくなったとき、母は「自分が厳しくしすぎたからかな」とすごく後悔していました。でも、そうではないのです。

母のせいではありません。僕が不登校になったのは、繊細っ子だったところに思春期が重なり、心と体のバランスが崩れやすいときでした。だからある意味、仕方のないことだったと思っています。

お子さんが悩んでいるのも、学校に行けなくなっているのも、あなたのせいではありません。あまり、自分を責めないでください。

「私のせいで」と思うのではなく、**「大丈夫！　あなたならできる」とお子さんを信頼して、背中を押してあげて**ください。

大丈夫です。繊細っ子だって、自分の人生を切りひらくたくましさをもっています。どうかそれを信じてください。

そして、「あなたには自分の人生を切りひらく力があるんだよ」ということを、言葉で、態度で伝えてください。

子育てが終わって

子育てが終わって私は泣いている。
いつもゲームばかりしていて怒っていた。
たくさんの洗濯が終わらなくて寝るのはいつも夜中だった。
私はドラマが見たかったけどテレビを見る暇がなかった。
私は服を買いに行きたかったけど
あなたの習い事で行けなかった。
今日は怒らずに穏やかに過ごせた。
今日は親子で不機嫌で大ゲンカして泣きながら寝た。
そんな、不安定でつらい子育ての日々だったけど…

いまは、あなたがいない。
お互い余裕がなかったけど
たまに素敵な笑顔を見せてくれたあなたの存在を思い出す。
いまは、もう側にいない。

いまは
好きなときにドラマも見れるし
好きなごはんも食べられるし
着たい服も着れるし
寝たいときに寝られる。
だけど…。

一緒に過ごした時間が
あまりにも短くて
さみしくて、胸が苦しいよ。
あなたが側にいてくれたこと。
私を母親としてくれたこと。
あなたが与えてくれたものは
あまりにも多かったってことに
いま気づいたよ。

あなたがいま
立派に生きてくれていることが
何よりうれしいよ。

私たちのところに
生まれてきてくれてありがとう。

てつInstagramより

おわりに

この本で紹介した「ひとこと」は、すべてのお子さんにとってうれしい「ひとこと」です。

お子さんの話に耳を傾け、お子さんの行動の理由を聞き、お子さんの頑張りをたたえてあげてください。

この「ひとこと」をかけ続けていると、お子さんのことがもっと好きになります。そして、**自分のこともっと好きになります。**

誰かを認めて受け入れることは、自分を認めて受け入れることにつながるからです。

これまで僕がサポートしてきた方たちの中で、子育てを終えた親御さんが、大きく後悔していることが次の2つです。

- 厳しくしすぎたこと
- 寄り添わなかったこと

この「おわりに」の前に、一編の詩を掲載しました。それは、僕が家を出るときに、母が語ってくれた心情をもとに書いた詩です。母はそのとき「これで子育てが終わった」と思ったのだと言います。

子どもと一緒にいられる時間は、人生100年時代において18年くらいしかありません。それも、保育園・幼稚園は3〜6年、小学校は6年、中学は3年、高校は3年とそれぞれの成長があり、あっという間に過ぎ去っていきます。実際に家にいる時間はもっと少ない。子どもの成長を喜び笑ったり、怒ったり泣いたりする時間も実はとても貴重なものなのです。

子ども自身を受け入れる子育てをしていると、「そんなに甘やかしちゃダメだよ」と言われることもあると思います。でも、**子どもに寄り添うことを、後ろめたく思う必要はありません。あなたこそが、お子さんの頑張りをいちばん近くで見ているのです。堂々と、ほめてあげてください。そして甘えさせてあげてください。**

僕はこれからも、子育てについて発信していきます。カウンセリングで親御さんのご相談にのっていきます。そして、新しい知見が蓄積されたら、講演会などで皆さんにお会いして実際にお話しさせていただきたいと思っています。子育て中の親御さん、そしてお子さんが、少しでも笑顔になれるお手伝いができれば、こんなにうれしいことはありません。

最後になりますが、子育て中のお母さん、お父さんへ。

お子さんは、ときにカンシャクを起こしたり、ひどいことを言ったり、部屋に閉じこもったりするかもしれません。それはそれは、心配になることと思います。でも、**お子さんは、お母さん、お父さんのことが大好きです。信頼しています**。だからこそ、安心して感情を爆発させることができるのです。そのことを、どうか忘れないでください。

お子さんを思うその気持ちは、お子さんに伝わっています。

「暗く長いトンネルを歩いているようです」と、あるお母さんが言っていました。でも、いつか必ず出口にたどり着きます。長いトンネルだと思っていたのに、意外と早く出口に着いてしまうものです。そして、その長かったトンネルでの経験は、振り返れば親子にとって深い深い絆になっていることを、あなたは知ることになります。

どうぞ、思いつめずに肩の力を抜いて、いつか巣立つお子さんとのいまこの瞬間を笑顔でお過ごしください。そして、たまには息抜きをしてください。自分自身の人生も楽しんでください。

お母さん、お父さんの笑顔はこの先ずっと、子どもの胸に残るお守りとなりますからね。

てつ

繊細っ子だった自身の経験から、繊細な子どもを持つお母さんを中心に、子育ての悩みを解決するための支援活動を行っている。これまでに無料相談を含め3年間で1万3000組の親子関係をサポート。講演会の開催、フリースクールでのお話会実施など、活動の場を広げている。自己肯定感を育むアドバイザーの資格を保有。2021年4月より投稿を開始したInstagramはフォロワー6.6万人（2023年12月現在）。

Instagram　@sensai_kosodate

参考文献、参考論文

- 『ひといちばい敏感な子』エレイン・N・アーロン 著、明橋大二 訳（青春出版社）
- 『HSCの子育てハッピーアドバイス』明橋大二 著（1万年堂出版）
- 【内閣府】　平成26年版 子ども・若者白書（概要版）特集 今を生きる若者の意識 ～国際比較からみえてくるもの～
  https://www8.cao.go.jp/youth/whitepaper/h26gaiyou/tokushu.html
- Dynamic spread of happiness in a large social network: longitudinal analysis over 20 years in the Framingham Heart Study
  https://pubmed.ncbi.nlm.nih.gov/19056788/

元《もと》・繊細《せんさい》っ子《こ》だからわかる
子《こ》どもが10倍《ばい》うれしい親《おや》のひとこと

2024年1月29日　初版発行

著　者　てつ
発行者　山下直久
発　行　株式会社KADOKAWA
〒102-8177　東京都千代田区富士見2-13-3
電話0570-002-301（ナビダイヤル）
印刷所　大日本印刷株式会社
製本所　大日本印刷株式会社

●お問い合わせ
https://www.kadokawa.co.jp/（「お問い合わせ」へお進みください）
※内容によっては、お答えできない場合があります。
※サポートは日本国内のみとさせていただきます。
※Japanese text only

定価はカバーに表示してあります。

ISBN 978-4-04-897699-2　C0037